KB162767

왜
홍경래는
난을
일으켰을까?

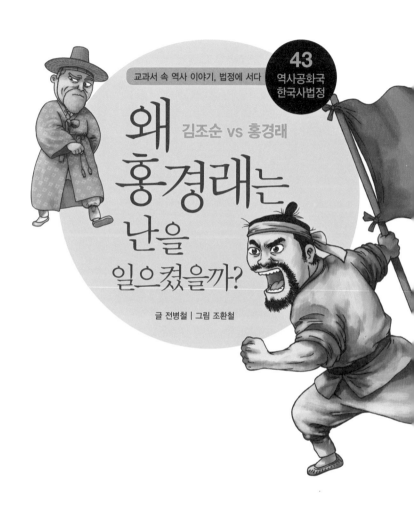

교과서 속 역사 이야기, 법정에 서다

43
역사공화국
한국사법정

김조순 vs 홍경래

왜
홍경래는
난을
일으켰을까?

글 전병철 | 그림 조환철

㈜자음과모음

"평서 대원수는 급히 격문을 띄우노니 관서의 부로자제와 공사천민들은 모두 이 격문을 들으시라. 무릇 관서는 기자와 단군 시조의 옛터로서 벼슬아치가 많이 나오고, 급제하고, 문물이 발전한 곳이다."

이렇게 시작되는 격문이 1811년 12월 18일, 관서 지역에 나붙기 시작했습니다. 평안도 지역에서 당시 큰 난리가 난 것이지요. 19세기 초, 바로 홍경래와 수많은 백성들, 영세 농민, 중소 상인, 광산 노동자들이 칼과 창을 든 것입니다. 조직화된 지휘부가 군사력을 동원해 중앙 정부에 도전했는데, 이는 지난 시절 종종 있었던 봉기들과는 차원이 달랐습니다. 촉망받던 평안도의 젊은 인재 홍경래, 그는 왜 난을 일으키게 된 걸까요?

홍경래는 1771년 평안남도 용강군 다미면 꽃장골에서 태어났습니다. 그의 조상들은 고려 때 관직에 있었는데 그가 출생할 당시는 일개 촌부의 집안에 불과했지요. 어려서부터 힘이 세고 총명했던 그는 동네 어른들로부터 큰일을 할 인물로 불렸습니다. 외숙 유학권에게 학문을 배우기 시작한 홍경래는 이후 경사(경서와 사기를 아울러 말함)와 병서는 물론 술서와 풍수도 섭렵했어요. 그리고 1798년, 사마시에 응시했으나 결과는 좋지 않았습니다. 뇌물이 과거의 당락을 좌우하던 시절, 홍경래 같은 서북 백성이 합격하기란 쉽지 않았거든요. 이때부터 그는 전국을 유랑하며 훗날의 동지들을 만나게 됩니다.

그가 본 세상은 불공평과 부조리투성이였습니다. 관직 매매 등 각종 비리가 만연했고, 관리들은 공무보다 사리를 채우기 바빴습니다. 게다가 계속된 자연 재해, 기근과 질병은 백성들의 고통을 가중시켰지요. 전정, 군정, 환곡, 이 삼정의 문란은 백성들의 삶을 짓밟았습니다. 날로 심해지는 빈부 격차 때문에 사회 전반에 걸쳐 일어났던 경제적 활력도 백성들의 삶에 아무런 영향을 주지 못했습니다. 민심은 흉흉해졌고, 『정감록』 같은 비기(인간사의 길흉화복을 예언하여 적은 기록)와 도참설이 유행했지요. 도처에서 불만이 터지기 시작했습니다. 부당한 수탈에 저항하는 농민들의 봉기도 한둘이 아니었지요. 그러나 나아지는 것은 별로 없었습니다. 당시의 안동 김씨 집권 세력은 자신들의 권력 유지에만 급급할 뿐 그들에게는 사회 전반의 변화를 수용할 수 있는 능력이 없었습니다.

이런 점에서 김조순의 이야기를 꺼내지 않을 수 없습니다. 아시다시피 19세기 초 안동 김씨의 세도 정치는 순조의 장인, 김조순으

왜 홍경래는 난을 일으켰을까?

로부터 시작되었으니까요. 1802년 김조순의 딸이 순조 비로 봉해지자, 그는 영돈녕부사가 되고 영안부원군에 봉해집니다. 기량과 식견이 뛰어나 선왕 정조의 신임을 받았던 그는 국구(國舅), 즉 순조의 장인이 된 뒤로 왕을 잘 보필했다고 전해집니다. 그렇다면 그의 시대적 책임은 어디까지일까요? 김조순, 그로부터 세도 정치가 본격화되었다는 것을 감안하여 세도 정치 시기 백성들의 삶을 생각해 보면 그의 책임이 전혀 없다고는 할 수 없을 것 같은데, 홍경래 봉기의 문제를 다루는 데 고민이 되는 것은 사실입니다.

세도 정치 시기를 대표했던 김조순, 그리고 그 정권에 도전했던 홍경래. 이 두 사람이 역사공화국이라는 가상의 법정에서 재판을 벌이게 되었습니다. 당시에는 역적일 수밖에 없었던 홍경래를 200년이 지난 오늘날에는 역사 속에서 다시 생각해 볼 수 있을 테니까요.

홍경래는 어떤 세상을 꿈꾸었던 걸까요? 그리고 오늘날 우리는 어떤 세상을 꿈꾸며 살아가야 할까요? 이 책을 통해 여러분이 역사란 무엇인가에 대해 고민해 보는 계기가 되었으면 좋겠습니다. 더불어 시간의 흐름 속에서 오늘을 발견하고, 오늘의 나를 깨닫는 계기가 되었으면 합니다. 우리가 만들어 온 세상, 또 우리가 만들어 가야 할 세상에 대한 의문, 그것도 괜찮을 것 같습니다. 아무쪼록 이 책이 그 시작의 길잡이가 될 수 있다면 이 책의 주인공인 홍경래를 지난 몇 달간 그려 왔던 필자로서 너무나 감사한 일이 될 것 같습니다.

청주에서 전병철

차례

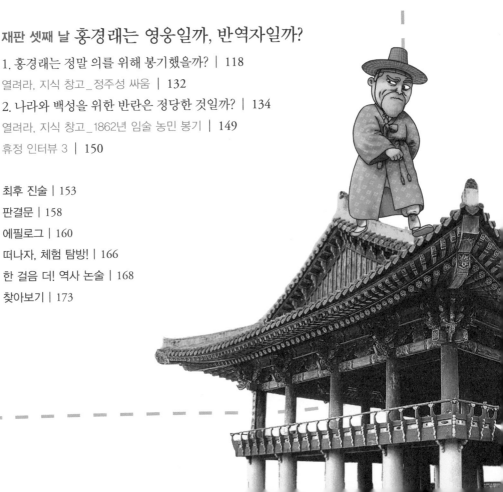

19세기에 들어 세도 정치로 정치 기강은 문란해지고, 지배층의 비리와 수탈로 농민들의 삶은 더욱 피폐해졌다. 지배층과 농민들의 갈등이 심해지면서 사회 불안 요소는 커져만 갔고, 이러한 상황에서 기존의 질서를 바꿔 새로운 사회를 만들려는 농민들의 의식이 크게 성장했다.

중학교   역사

I. 조선 사회의 변동
2. 붕당 정치의 변화와 세도 정치의 대두
5. 농민 의식의 성장과 개혁의 움직임

정조의 뒤를 이어 순조가 즉위하면서 왕실과 혼인 관계를 맺은 몇몇 가문이 권력을 독점하였는데, 이를 세도 정치라고 한다. 당시 대표적인 세도 가문은 안동 김씨와 풍양 조씨였으며 순조, 헌종, 철종의 3대 동안 세도 정치가 계속되었다.

평안도 지역에서는 몰락한 양반인 홍경래가 봉기했는데, 새로이 성장하던 상공업 세력이 세도 정권의 수탈에 맞서 봉기를 주도했다. 홍경래의 난은 실패로 끝이 났지만, 그 이후에도 각지에서 농민 봉기는 계속되었다.

홍경래의 난은 몰락한 양반인 홍경래의 지휘하에 영세 농민, 중소 상인, 광산 노동자 등이 합세하여 일으킨 봉기였다. 이들은 처음 가산에서 난을 일으켜 선천, 정주 등을 별다른 저항 없이 점거하였다. 한때는 청천강 이북 지역을 거의 장악하였으나 5개월 만에 평정되었다.

고등학교	국사	V. 사회 구조와 사회생활 4. 근대 태동기의 사회 (3) 사회 변혁의 움직임
	한국사	Ⅲ. 조선 사회의 변화와 서구 열강의 침략적 접근 3. 19세기 정치 질서의 문란과 사회 동요 (2) 농민 봉기가 확산되다

몰락 양반 홍경래를 중심으로 평안도 지역에서 지역 차별과 세도 정치에 저항하는 홍경래의 난이 일어났다. 영세 농민, 광산 노동자, 상인 세력 등이 합세한 홍경래 세력은 1000여 명의 병력으로 평안도 가산에서 봉기하여 한때 청천강 이북 지역을 점령하기도 했다.

1765년	와트, 증기 기관 완성
1776년	미국, 독립 선언
1789년	프랑스 혁명, 인권 선언
1814년	빈 회의(~1815)
1830년	프랑스 7월 혁명
1832년	영국 선거법 개정
1836년	링컨, 노예 해방 선언
1840년	아편 전쟁(~1842)
1848년	프랑스 2월 혁명
1850년	중국, 태평천국 운동
1858년	무굴 제국 멸망
1860년	베이징 조약
1861년	미국, 남북 전쟁(~1865)
1862년	중국 양무운동 시작

원고 **김조순(1765년~1832년)**

순조의 장인 되는 김조순입니다. 왕이 어릴 적부터 곁에 서 보필하며 왕권 강화에 힘썼지요. 그런데 사람들은 이 것도 모르고 나를 비난하더군요. 나로 인해 안동 김씨 세 도 정치가 시작되었다고 말이지요. 게다가 뭐라고요? 홍 경래가 난을 일으킨 것도 나 때문이라고요? 홍경래는 권 력에 도전했던 반역자일 뿐입니다. 내가 시대의 모든 책 임을 질 수는 없습니다.

원고 측 변호사 **나정치**

역사공화국의 숨겨진 진실을 파헤치는 변호사 나정치입 니다. 김조순 대감은 국왕을 돕기 위해 애썼습니다. 이런 그에게 도전한 홍경래는 반역자일 뿐이지요. 그러므로 홍경래는 김 대감에게 용서를 빌어야 합니다. 이제 곧 그 의 잘못이 밝혀질 테니 지켜봐 주세요.

원고 측 증인 **김익순**

당시에 선천 부사로 있었습니다. 그때 홍경래군(軍)에 투항한 바 있지요. 그래서 홍경래를 잘 압니다. 역적 홍경래를 고발하기 위해 이 자리에 섰습니다. 이제는 진실을 밝히고, 명예도 회복해야지요. 사랑하는 내 손자 김삿갓, 병연이 녀석에게도 용서를 구하고요.

원고 측 증인 **순조**

조선 23대 왕입니다. 원래 이름은 공이지요. 이공. 1800년에 아버지 정조 대왕께서 승하하여 열한 살의 어린 나이에 즉위했습니다. 대왕대비 정순 왕후의 수렴청정 이후, 장인 김조순 대감께서 많이 도와주셨지요. 나의 장인이 소송을 냈다고 하니 도와드리지 않을 수가 없군요.

원고 측 증인 **임상옥**

작은 장사에도 다 도(道)가 있는 법! 상도(商道)를 강조해 온 의주 만상 임상옥입니다. 조선 최고의 거상이었지요. 청나라와의 인삼 무역으로 돈을 좀 벌었습니다. 홍경래가 난을 일으켰을 때는 그를 진압하기 위해 의병을 조직했고요. 반란이 정당화될 수는 없지 않겠습니까? 그때 이야기를 해 드리지요.

피고 홍경래(1771년~1812년)

평안도 용강에서 태어난 홍경래입니다. 19세기 초에 평
안도 지역에서 난리가 났지요. 내가 그 중심에 있었습니
다. 세상은 잘못되고 있었고, 우리는 참을 수 없었습니다.
당시 함께 뜻을 모았던 백성들, 그들 모두가 잘 알고 있지
요. 안동 김씨 세도 정권은 무능할 뿐이었고, 잘못된 세상
을 어떻게든 고쳐야 했습니다.

피고 측 변호사 백성민

홍경래의 변론을 맡은 변호사 백성민입니다. 나정치 변
호사와는 사법연수원 동기간이지요. 개업한 지 얼마 되
지 않아 법정 경험이 많지는 않습니다. 다만 내 이름처럼
억울한 약자들을 위해 최선을 다할 뿐입니다.

피고 측 증인 정약용

주로 정조 대왕과 함께 일했습니다. 세도 정치 때 유배가
시작되었고요. 그때 개혁에 대한 책을 많이 썼습니다. 사
람들은 내가 실학 연구를 집대성했다고 평하기도 하더군
요. 어쨌든 나는 당시 백성들의 삶을 똑똑히 보았습니다.
지금부터 그 이야기를 해 드리지요.

피고 측 증인 우군칙

태천 지역의 괜찮은 집 서자로 태어났습니다. 홍경래와 함께 일을 도모했지요. 홍경래는 내가 잘 압니다. 평안도 가산의 청룡사에서 그를 처음 만났을 때부터 뜻이 통했거든요. 그는 나와 둘도 없는 동지였습니다.

피고 측 증인 전봉준

갑오년인 1894년에 동학 농민 운동을 주도한 바 있는 전봉준입니다. 사람들은 나를 녹두장군이라고 부르더군요. 나는 세상의 의를 위해 싸웠다고 자부합니다. 이런 점에서 당시 선배 홍경래의 심정이 어땠을지도 이해하고요. 신성한 법정에서 그의 진정성을 말씀드리고 싶네요.

판사 공정한

역사공화국 최고의 판사가 되기 위해 노력하는 공정한입니다. 주로 정치적 사건을 다루고 있지요. 내 이름에 부끄럽지 않도록 재판에 공정을 기하겠습니다. 기대해 주세요.

"홍경래는 반란을 일으킨
역적일 뿐이오!"

"똑똑똑! 이곳이 나정치 변호사의 사무실이오?"

정치적 사건을 주로 담당하고 있는 나정치 변호사의 방에 누군가가 찾아왔다. 1800년 정조 사망 이후 순조의 장인으로서 정치의 중심이 되었던 사람, 바로 김조순이다.

"안녕하십니까. 김조순입니다. 나 변호사님이 역사공화국에 있는 억울한 영혼들의 숨겨진 진실을 밝혀 주기로 유명하다고 하여 찾아왔소이다."

'당시 세도 정치를 이룬 안동 김씨 일족이 바로 김조순으로부터 시작되지 않았던가? 무엇 때문에 나를 찾아온 거지?'

"네, 반갑습니다. 들어오시죠."

"혹시 홍경래라고 들어 보았소?"

김조순은 자리에 앉자마자 불쑥 홍경래를 아느냐며 말문을 열었다.

"19세기 초 평안도에서 일어난 홍경래 난의 최고 지도자 말씀이신가요?"

"그렇소. 내 듣자 하니 홍경래가 나 때문에 난을 일으켰다고 하더군요. 내가 정치를 제대로 못했다고요? 세도 정치가 문제였다고요? 참으로 기가 막히고 억울합니다. 그가 난을 일으킨 것이 어째서 세도 정치 때문이란 말입니까? 그것은 홍경래의 권력욕이 만들어 낸 사건일 뿐이오. 그는 반란을 주도했던 역적일 뿐이란 말이오!"

씩씩거리며 자신의 억울함을 호소하는 김조순의 얼굴이 점점 붉어지고 있었다.

"나와 우리 가문을 매도하고 다니는 홍경래를 가만히 둘 수 없소. 진실이 무엇인지 그것만이라도 사람들에게 알리고 싶습니다. 어때요, 가능하겠소?"

사례는 걱정하지 말라며 자신의 억울함을 호소하는 김조순. 홍경래의 난은 자신과 무관한 일이라는 것을 알리고자 하는 강력한 의지가 엿보였다. 법조계에서 꼼꼼하기로 소문난 나정치 변호사는 이번 사건이 근래 보기 드문 대형 사건이라는 예감이 들었다.

'김조순이 누구인가! 19세기 초 순조의 장인으로 당대 최고의 인물이 아니었던가? 그동안 많은 정치적 사건을 다루긴 했지만 김조순과 같은 인물이 찾아온 적은 없었지. 이번 사건이 잘 해결된다면 역사공화국에서 나의 명성이 자자해지는 것은 시간문제일 거야.'

나정치 변호사는 회심의 미소를 지으며 말했다.

"잘 찾아오셨습니다. 걱정하지 마세요. 대감님의 억울함을 풀어 드리지요. 정치적 사건은 제가 전문입니다. 오죽하면 제 이름이 나 정치겠습니까? 하하. 홍경래가 권력을 잡으려고 반란을 일으켰으면 서 그 반란의 원인 제공자로 김조순 대감을 거론하고 있단 말씀이지 요? 이것은 심각한 명예훼손죄라고 볼 수 있습니다. 손해 배상을 청 구할 수도 있지요. 홍경래의 사과를 받아 마땅한 일입니다. 대감님,

왜 홍경래는 난을 일으켰을까?

소송에서 이기려면 꼼꼼한 준비가 필요합니다. 좀 더 자세한 이야기를 들려주시지요."

이야기가 계속될수록 김조순의 목소리가 높아졌다. 그런 김조순의 이야기에 연신 고개를 끄덕이고 있는 나정치 변호사. 자신감에 찬 그의 눈매가 점점 날카롭게 빛나고 있었다.

한편 개업한 지 얼마 되지 않은 낡은 건물에 오래된 중고 책상 몇 개가 전부인 백성민 변호사의 사무실에도 누군가가 찾아왔다.

"똑 똑 똑!"

"네, 백성민 변호사 사무실입니다. 들어오세요."

날카로운 눈매에 꽤 다부진 체격의 사내가 들어왔다. 평소 어려운 사람들의 누명을 풀어 주기 위해 애쓰는 삶을 살아온 백성민 변호사는 한눈에 그가 누구인지 알아보았다.

'19세기 초 평안도 지역을 떠들썩하게 했던 홍경래 아니야? 그런데 그가 왜 나를 찾아온 거지? 누구에게 소송이라도 당한 건가?'

"백 변호사, 억울한 일을 당했어요. 도와줄 거라 믿습니다."

"물론이지요. 그런데 억울한 일이라면……?"

"김조순이 나에게 소송을 걸었답니다. 내가 김조순의 명예를 훼손했다지 뭡니까! 내가 명예 훼손을 했다고요? 내가 누구의 명예를 훼손한단 말입니까? 다 지나간 사건을 들춰내서 반란을 강조하는 이유가 무엇인지 모르겠습니다. 나는 그저 소신에 따라 행동했을 뿐입니다. 사람답게 살고 싶었고, 좋은 세상을 만들고자 했을 뿐이지요. 백 변호사, 도와주십시오. 나를 도와줄 사람은 오로지 백 변호사밖에 없습니다."

몇 주 전부터 나정치 변호사가 움직인다는 소식을 들은 후로 그가 어떤 사건을 맡았는지 궁금해 하던 백성민 변호사. 홍경래가 자신을 찾아온 이유가 그것과 관련이 있을 거라는 생각이 들자 망설여지기 시작했다.

'어떻게 하지? 나정치 변호사와 나는 둘도 없는 친구 사이였는데……'

절친한 사이였지만 사법연수원생 시절부터 점점 멀어지기 시작한 두 사람. 나정치 변호사는 줄곧 수석을 지켜온 백성민 변호사를 내심 부러워하고 있었다. 그래서인지 두 사람 사이에는 늘 충돌이 끊이지 않았다. 이번 사건으로 인해 다시 한 번 감정의 골이 깊어지는 것은 아닌가 하는 생각에 백성민 변호사는 걱정이 앞섰다.

'아니야. 지금 홍경래의 말이 사실이라면 그것은 참 억울한 일 아닌가? 난 홍경래가 왜 난을 일으켰는지 알고 있어. 그가 김조순 대감의 명예를 훼손했다니, 말도 안 되는 소리지. 홍경래는 더 나은 세상을 위해 일어났을 뿐이야. 재판에 이겨서 이 사실을 널리 알릴 수 있다면 이보다 더 보람된 일이 있을까? 어차피 돈 때문에 변호사가 된 것도 아니잖아.'

항상 자신보다 남을 위해 일해 온 백성민 변호사는 난을 일으킬 수밖에 없었던 홍경래의 심정을 누구보다 잘 알 것 같았다.

"홍 장군, 잘 찾아왔어요. 반갑습니다. 불리한 것이 사실입니다만,

재판을 잘 준비한다면 우리가 이길 수도 있습니다. 최선을 다해 도
와드리겠습니다!"

　이렇게 김조순과 홍경래의 재판이 시작되었다.

세도 정치의 시작과 농민의 반란

정조의 뒤를 이어 왕이 된 것은 둘째 아들 순조였습니다. 하지만 왕
위에 올랐을 때 순조의 나이는 고작 열한 살이었지요. 왕이 이렇게 어
리니 혼자 정치를 할 수가 없었습니다. 그래서 왕실의 제일 높은 사람
이었던 정순 왕후 김씨가 수렴청정을 했습니다. '수렴청정'이란 나이
어린 왕이 즉위했을 때 일정 기간 동안 왕대비나 대왕대비가 국정을
대리로 처리하던 일을 말합니다. 영조의 두 번째 왕비였던 정순 왕후
는 육촌 오빠인 김관주를 이조참판에 오르게 하고, 자신과 친한 사람
들을 정치의 주요 자리에 앉게 했습니다.

시간이 흘러 순조가 열다섯 살이 되자, 정순 왕후가 수렴청정을 거
두고 순조가 직접 정치를 하게 되었지요. 이때 순조의 장인 김조순이
권력을 쥐게 됩니다. 안동 김씨인 김조순은 자신의 세력을 높은 자리
에 앉히고 정권을 마음대로 흔들었답니다.

이러한 독재 정치를 '세도 정치'라고 하지요. 원래 '세도(世道)'란 '세
상을 바르게 다스리는 도리'라는 뜻으로 중종 때 조광조와 같은 인물
이 내세웠던 통치 원리를 말합니다. 하지만 홍국영이 정조를 대신해
권력을 휘두르자, '임금의 사랑을 받는 신하나 외척들의 독재 정치'를

일컫는 말인 세도(勢道)로 바뀌었지요.

이후 세도 정치의 폐해가 심해지자 과거 제도가 문란해지고, 벼슬을 사고파는 등 부정부패가 심해졌습니다. 당연히 백성들의 생활은 피폐할 대로 피폐해졌고 이에 불만을 품은 사람들이 생겨나기 시작했습니다.

급기야 1811년에 평안도에서 홍경래와 그 무리가 반란을 일으켰습니다. 10년간 민란을 준비한 홍경래의 깃발 아래 농민, 광산 일꾼 등 1000여 명이 모여서 봉기를 했습니다. 불과 10여 일 만에 그 일대를 장악하고 고을 수령들은 줄행랑을 치게 되었습니다. 하지만 홍경래가 이끄는 농민군은 정주성에서 벌인 관군과의 전투에서 패배함으로써 난은 실패로 돌아갔습니다. 그러나 홍경래의 난은 농민들이 전국 각지에서 크고 작은 민란을 일으키는 도화선 역할을 했습니다.

원고 | 김조순	대리인 | 나정치 변호사
피고 | 홍경래	대리인 | 백성민 변호사

청구 내용

1800년에 정조 대왕께서 승하하셨습니다. 어린 세자, 순조를 부탁받았던 나 김조순은 정치적 경험이 부족했던 전하를 가까이에서 보필했지요. 그것은 국왕의 장인 되는 사람으로서 당연한 일이기도 했습니다. 우리 안동 김씨 일가의 많은 사람들이 내 일처럼 도왔던 것도 그 때문이었지요. 덕분에 혼란스럽던 정치 상황이 정리되어 갔습니다. 농촌의 쌀 생산량도 전보다 증가했고, 여기저기에서 세상살이가 나아지고 있었지요.

그런데 홍경래가 평안도에서 난을 일으켰습니다. 1811년 12월 18일에 말도 안 되는 격문을 내걸고 봉기했지요. 가산군을 점령하고 선천, 정주 등 인근 여덟 개 군현을 점령하며 반기를 들었습니다. 과거 낙방을 계기로 전국을 돌며 우군칙, 이희저, 김창시, 홍총각 등 핵심 참모들을 포섭했더군요. 이들은 수많은 영세 농민과 중소 상인, 광산 노동자 등을 끌어들였지요. 이것은 분명 반역이었습니다.

홍경래는 왜 난을 일으켰을까요? 권력을 잡고자 했음이 분명합니다. 어수선한 정치 상황을 이용해 백성들을 꾀어낸 것이지요. 그럼에도 그는 당시의 정치가 문제였다고 말합니다. 나 김조순이 간신배로서 국가 권력을 가지고 놀았다고요. 세도 정치, 무능했던 안동 김씨의 세도 정치 탓이라고도 변명합니다. 자신의 권력욕이 만들어 낸 사건을 이런 식으로 정당화하다니 참으로 기가 막히고 억울할 뿐입니다.

홍경래는 반란을 일으킨 천하의 역적입니다. 그가 난을 일으킨 진짜 이유가 무엇인지, 그리고 그 난이 어떻게 일어났는지 분명히 밝혀져야 할 것입니다.

항간에는 홍경래의 거짓 선전을 믿고 그를 두둔하는 사람도 있다고 합니다. 더 좋은 세상을 만들고자 했던 거라며 백성들의 영웅으로 대접받기도 하더군요. 반면 나와 우리 안동 김씨 가문의 명예는 심하게 훼손됐습니다. 모든 사람들이 나를 세도 정치의 주범으로 알고 있으니 차마 집 밖을 나가기도 힘들 정도이지요. 정말이지 나와 우리 가문이 받아 온 정신적 피해는 이루 말할 수가 없습니다.

이에 역사공화국 한국사법정에 소장을 제출합니다. 정신적 피해에 상응하는 금전적인 손해 배상도 함께 청구하는 바입니다.

입증 자료

- 중학교 역사 교과서
- 고등학교 국사 교과서
- 고등학교 한국사 교과서
  그 외 자료 추후 제출하겠음.

위 청구인 김조순
역사공화국 한국사법정 귀중

세도 정치 하에서
백성들은 어떤 삶을 살았을까?

1. 김조순은 어떻게 권력의 중심이 되었을까?
2. 삼정의 문란으로 백성들의 삶은 얼마나 피폐해졌을까?

김조순은 어떻게
권력의 중심이 되었을까?

이곳은 원고 김조순과 피고 홍경래의 1차 심리 공판정.

오늘은 특별히 외척의 세도 정치가 흥했던 시절에 사람들이 어떻게 살고 있었는지를 심리할 예정이라고 한다. 원고 측에 나정치 변호사와 김조순이 앉아 있고, 피고 측에 백성민 변호사와 홍경래가 앉아 있다. 많은 방청객이 모인 가운데 김조순과 홍경래에 대한 얘기로 법정 안은 소란스럽기 그지없었다.

"자네 세도 정치라고 들어 보았나? 도대체 그게 뭔지 알아야 재판을 이해할 것 아닌가?"

"왕실 근친이나 신하가 권세를 잡고 권력을 행하는 정치를 일컫는 게 아닌가? 다시 말해 왕은 있으나 왕이 권력을 갖지 못한다. 뭐, 그런 뜻이 되겠구먼."

"맞네. 한마디로 특정 가문이 권력을 독점하는 기형적인 정치 형태라고 할 수 있지. 19세기쯤이라고 해야 하나? 순조, 헌종, 철종 때 말이네. 안동 김씨, 풍양 조씨 가문이 권력을 장악했다지 않은가? 왕의 위엄은 땅에 떨어지고 나라 꼴도 말이 아니었지."

"진짜 문제는 그게 아닐세. 세도 정권 하에선 비판 세력도 없었다지 않은가. 정치 기강은 무너졌고, 부정과 부패도 만연했다네."

"난을 일으킨 홍경래의 심정도 어느 정도 이해가 가는구면. 오죽 살기 힘들었으면 목숨 걸고 반기를 들었겠는가."

"자네, 지금 홍경래를 두둔하는 건가? 당시 사회는 전반적으로 좋아지기도 했다고. 김조순 대감이 있었기에 그만큼이라도 했던 것이 아닌가."

잠시 후 최근 역사공화국에서 명성을 날리고 있는 공정한 판사가 법정 안으로 들어섰다. 훤칠하게 큰 키만큼 성큼성큼 걸어 들어와 중앙에 자리했다.

판사   자! 재판을 시작합니다. 원고 김조순. 19세기 초 세도 정치의 중심인물로 1765년 영조 41년 출생. 본관은 안동이며 영의정 김창집의 4대손으로 아버지는 부사 김이중. 원고는 1785년 젊은 나이에 과거에 급제했고, 이후 **양관 대제학**을 거쳐 **훈련대장**, **호위대장** 등 여러 요직을 지

양관 대제학
조선 시대에 홍문관과 예문관에 둔 정이품 관직을 말합니다.

훈련대장
조선 시대 중앙군이었던 훈련도감의 종이품 관직을 말합니다. 사실상 훈련도감의 으뜸 벼슬이었지요.

호위대장
조선 시대 궁중을 수호하는 호위청의 주장(主將)으로 정일품 관직입니다.

교과서에는

▶ 정조의 뒤를 이어 순조가 어린 나이에 왕위에 오르면서 왕실과 혼인 관계를 맺은 몇몇 가문이 권력을 쥐고 누린 것을 세도 정치라고 합니다.

영돈령부사

돈령부는 종친부에 속하지 않은 왕실 종친과 외척들의 친목을 도모하고자 만든 기구입니다. 영돈령부사는 그 돈령부의 으뜸 벼슬로 정일품 관직이고요. 왕의 장인에게 내려지는 벼슬입니다.

영안부원군

조선 시대 왕의 장인이나 친공신(親功臣)에게 주던 작호입니다. 한편 조선 시대 종친 중에서 왕위를 이어받을 때 신왕의 생부를 호칭하는 말로는 대원군이 있지요.

▶ 홍경래의 난은 홍경래가 세도 정치에 고통을 받던 농민들과 차별 대우로 불만을 가진 평안도 지방 사람들을 중심으로 일으킨 농민 봉기입니다.

내셨네요. 정순 왕후 시절 따님께서 순조 비로 정해지면서 **영돈령부사**로 **영안부원군**이 되셨고요.

서류를 뒤적이며 원고의 이력에 대해 조용하게 이야기하고 있지만 그의 목소리에는 위엄이 있었다. 천하의 김조순도 긴장한 빛이 역력했다.

판사 피고 홍경래. 1771년 영조 47년 평안도 용강 출생으로 본관은 남양. 어릴 적 외숙 유학권에게 학문을 배웠군요. 그리고 ▶1811년 12월에 평안도에서 봉기했네요. 좋습니다. 자, 그럼 이제부터 본격적인 재판을 시작하지요. 원고 측 나정치 변호사, 소송 취지를 말해 주세요. 홍경래를 고소한 이유가 무엇인가요?

나정치 변호사 원고 측 김조순 대감의 변호를 맡은 나정치입니다. 오늘 참으로 억울한 일을 한 가지 말씀드리고자 합니다. 우선 홍경래가 누구인지 아시지요? 세상을 떠들썩하게 했던 그 홍경래 말입니다. 평안도 백성들을 꾀어 정부에 도전했던……

판사 그래요. 잘 알고 있습니다. 1811년 평안도 지역에 난리가 났지요. 그 사건을 어찌 모르겠습니까? 온 나라 안에 소문이 파다했지요. 꽤 유명한 사건으로 기억하고 있습니다.

나정치 변호사 그렇습니다. 그 사건의 주인공이 바로 저기에 앉아 있는 홍경래입니다. 개인의 권력욕으로 평안도 백성들을 현혹하여 반란을 일으켰던 나라의 역적, 홍경래의 행동은 절대 용서할 수 없는 일이었습니다. 그럼에도 불구하고 그는 반성은커녕 나라의 최고 어르신이었던 이분, 원고 김조순을 매도하기까지 했습니다. 자신이 난을 일으킨 것은 세도 정치, 그때의 정치가 문제였기 때문이라니! 자신의 욕심을 위해 일으켰던 사건을 세도 정치의 탓으로 돌리며 원고를 욕보이는 것은 분명한 명예 훼손죄에 해당합니다. 홍경래는 자신의 죄를 뉘우치고 원고에게 용서를 빌어야 합니다. 이 재판을 통해 역사의 진실을 밝히고, 원고가 받은 정신적 피해에 대한 보상을 해 주기를 바라는 마음으로 소송을 한 것입니다. 현명한 판사님, 선처해 주시기 바랍니다.

정치적 사건을 전문으로 하는 나정치 변호사는 노련한 청구 취지 진술로 단번에 분위기를 주도했다. 그의 언변은 공화국 내 많은 변호사들 중에서도 역시 으뜸이었다. 그러나 백성민 변호사도 기죽고만 있을 사람은 아니었다.

백성민 변호사　　　존경하는 판사님. 홍경래 장군의 피고 측 변호인 백성민이라고 합니다. 정말이지 듣고만 있을 수 없어 한 말씀 올립니다.
판사　　　좋습니다. 백성민 변호사. 기대가 되는군요. 피고 측 진술하세요.
백성민 변호사　　　감사합니다. 판사님. 먼저 누구보다 억울한 것은 피

정 도령

정 도령은 조선 중기 이후에 유
포된 예언서 『정감록』에 등장하
는 가상의 인물입니다. 천지개벽
후 세상을 구할 초인으로 그려져
있지요.

고 홍경래라는 점을 말씀드리고 싶습니다. 개인의 욕심 때
문에 반란을 일으켰다니요. 그리고 평안도 백성들을 현
혹하여 이용했다니요. 정말 말도 안 되는 모함입니다. 피
고 개인의 욕심이었다면 그렇게나 많은 사람들이 동조했
겠습니까? 그것은 현혹한다고 따를 문제가 아니었습니다.
나라의 어르신들께서 정치만 잘했다면 피고는 봉기하지 않았을 것
입니다. 결국 김조순의 세도 정치가 문제였던 것이지요. 존경하는
판사님. 여기 홍경래는 김조순의 명예를 훼손한 일이 없습니다. 따
라서 용서를 빌 일도, 새삼 진실을 밝힐 일도, 더욱이 그의 정신적 피
해를 보상할 일도 없다고 사료됩니다. 오히려 저기 있는 원고 김조
순이 지난 과오를 참회하고 피고에게 사과해야 한다고 생각합니다.

판사 피고 측 반론 잘 들었습니다. 그렇다면 피고 홍경래에게 묻
겠습니다. 원고 측에서는 피고가 원고에게 용서를 빌어야 한다고 하
는데, 피고는 원고 김조순에게 사과할 용의가 있나요?

그러나 홍경래는 대답이 없었다. 사과할 용의가 있냐는 판사의 물
음이 계속되자 굳게 닫혀 있던 그의 입이 천천히 열리기 시작했다.

홍경래 당시 세상은 썩을 만큼 썩어서 희망이 없었습니다. 모두가
세상을 구할 정 도령을 기다리고 있었으니까요. 800여 년 왕조를 이
어 나갈 새로운 나라의 초인 말이지요.

"초인이라니, 그럼 자기가 그 정 도령이란 말인가?"

"조용히 해 봐. 이유가 있겠지. 더 들어 보자고."

사람들의 수군거림을 들었는지 잠시 말을 멈추었던 홍경래는 주변이 잠잠해지자 다시 조심스럽게 말을 이어 갔다.

홍경래　물론 내가 일부러 정 도령이 되고자 한 적은 없지만, 사람들은 내가 그렇게 되길 바랐습니다. 당시 백성을 위한 정치가 잘 이루어지고 있었다면 내가 봉기할 일도, 백성들이 나를 응원할 일도

수렴청정
임금이 어린 나이로 즉위했을 때 왕대비나 대왕대비가 이를 도와 정치를 돌보는 것을 말합니다. 왕대비가 신하를 접견할 때 그 앞에 발을 늘인 데서 유래했지요.

없었겠지요. 하지만 당시 정치는 어지러웠고, 그 중심에 바로 저 김조순이 있었습니다. 그러므로 그가 책임져야 할 일이지요. 나는 원고에게 사과할 일이 없다고 봅니다.

나정치 변호사　뭐라고요? 참으로 뻔뻔하군요. 사과할 일이 없다니요. 원고가 책임을 져야 한다니요! 말도 안 될 일입니다.

판사　어히, 판단은 제가 합니다. 나정치 변호사는 좀 조용히 하세요. 피고 홍경래는 사과할 용의가 없다는 거지요? 좋습니다. 그렇다면 시비를 가려 봅시다. 원고에게 묻습니다. 당시 정치의 중심에 있었다는 피고의 말이 사실인가요? 엄연히 나라에는 국왕이 있는데 말이지요. 한번 말씀해 보세요. 정말로 정치의 중심에 있었습니까?

김조순　아, 물론 국왕께서 계셨지요. 하지만 그분은 정치적 경험이 부족했어요. 대왕대비의 **수렴청정**도 있지 않았습니까? 국왕의 장인으로서 국사에 조언하지 않을 수 없었습니다. 그러다 보니 우리 안동 김씨 일가의 많은 분들도 내 일처럼 도왔던 것이고요. 이처럼 자칫 표류할 수 있었던 국사를 어떻게든 지켜 내겠다고 노력했던 나에게 뭐, 당시 정치의 중심이었느니 하는 것까지는 괜찮습니다. 그런데 어지러웠던 정치의 장본인이니 한다면 참으로 섭섭하기 짝이 없습니다.

나정치 변호사　그렇습니다. 판사님. 원고 김조순은 선왕 정조 대왕으로부터 두터운 신임을 받았습니다. 그래서 승하하실 때 어린 왕세자, 즉 순조 임금의 보필을 부탁받았지요. 실제로 1805년 대왕대비 정순 왕후가 사망하자 그를 대신하기 시작했습니다. 왕을 보필하며 군덕(君德)을 높이는 일에 진력했던 것이지요. 이때 탁월한 지도력을 발휘했습니다. 원고께서 직접 이야기를 해 주시지요. 수렴청정하던 정순 왕후 사망 이후에 어떻게 하셨습니까?

김조순　　허허, 어떻게 하긴요. 그때 전하를 능멸하던 **노론 벽파** 지도자들을 단죄했지요. 김관주는 물론 나의 친척이기도 했던 김달순도 처벌했습니다. 정순 왕후의 친정인 경주 김씨 일문도 **일망타진**했고요. 그것은 당시 나라의 기강을 잡기 위해선 어쩔 수 없는 일이었습니다.

나정치 변호사　　잘 들으셨지요? 당시 원고 김조순은 국왕을 돕기 위해 노력했습니다. ▶특히 그 과정에서 국왕을 공격하던 노론 벽파 세력에 대한 방어가 중요했는데, 바로 원고께서 그 일을 자처해 처리한 것입니다. 이것은 당시 국왕께 큰 힘이 되었지요. 사실이 이런데 정치의 중심에서 전횡을 일삼았다고요? 이것은 원고 김조순에 대한 큰 오해가 아닐 수 없습니다.

판사　　그런 일이 있었군요.

백성민 변호사　　존경하는 판사님. 저는 원고께서 순조 임금을 도왔다는 데에 동의하기 어렵습니다. 원고, 한 가지 여쭙겠습니다. 부원군이 되셨을 때가 언제였죠? 그리고 그때 전하의 나이는 몇이었나요? 정확히 말씀해 주시기 바랍니다.

노론 벽파
노론은 조선 붕당 정치의 한 당파로 숙종 이후 조선의 주요 집권 세력이었습니다. 그 후 사도 세자를 동정하는 시파와 그의 죽음을 당연시하는 벽파로 나뉘었지요.

일망타진
그물 한 번 쳐서 고기를 다 잡는다는 뜻으로, 어떤 무리를 모조리 다 잡는 것을 말합니다.

교과서에는

▶ 정조와 순조 당시 왕실과 혼인 관계를 맺은 가문은 대체로 노론에 속해 있었습니다.

김조순   백 변호사는 나를 의심하고 있군요. 분명히 말하겠소. 전하께서는 1800년 1월에 세자로 책봉되셨소. 그리고 그해 6월에 왕으로 즉위했지요. 그때 순조 임금의 나이는 열한 살이었습니다. 선왕 정조의 유지에 따라 내 딸과 혼례를 치렀던 1802년에는 열세 살이었고요.

백성민 변호사   좋습니다. 그렇다면 언제부터 정순 왕후를 대신하여 왕을 도우셨지요?

김조순   어허, 백 변호사. 시작부터 사람을 참 피곤하게 하는군요. 나 변호사가 서두에 다 이야기하지 않았습니까? 또 이야기해야 합니까? 자, 잘 들으시오. 수렴청정하던 정순 왕후께서 4년 후, 1804년에 물러나셨고 순조께서 친정을 하셨지요. 그 후 1805년에 정순 왕후께서 돌아가시면서 그때부터 사위를 본격적으로 도왔어요. 내 사위, 그러니까 순조 임금의 나이는 열여섯 살이었고요. 자, 이제 만족하시나요? 그런데 그게 무슨 문제라도 된답니까?

　　불만이 가득 찬 김조순은 뭐 그런 것까지 물어보냐는 식으로 퉁을 놓았다.

백성민 변호사   대답해 주셔서 감사합니다. 존경하는 판사님, 방금 이야기들은 것처럼 1805년부터 원고는 순조 임금을 직접 돕게 됩니다. 그런데 이때 순조의 나이는 열여섯 살이었지요. 글쎄요, 원고가 전하를 어떻게 도왔을까요? 그리고 그것은 누구를 위한 것이었을까요? 왕을 위했던 것일까요, 아니면 원고 자신을 위했던 것일까요?

판사　백 변호사, 그게 무슨 말인가요? 좀 더 구체적으로 말해 보세요.

백성민 변호사　원고가 순조를 보필했다고 하는 주장은 결국 김조순 자신을 위한 것 아니었겠습니까? 당시 왕의 나이는 열여섯 살이었습니다. 어린 왕을 보필한다는 것, 자신의 권력 강화를 위해서도 좋은 명분이 될 수 있었겠지요.

김조순　무슨 소리요? 왕을 위했던 나의 충심을 매도하지 마시오. 나는 오해라도 살까 봐 내게 내린 벼슬도 마다했던 사람이오. 세도 정치란 이름으로 나의 진정성을 오해하지는 마시오.

백성민 변호사　네, 여러 중책이 주어졌음에도 여러 차례 벼슬을 마다했던 것, 저도 알고 있습니다. 하지만 이 점은 어떻게 설명하실 건가요?

김조순　무엇을 말입니까?

백성민 변호사　김문순, 김희순, 김이익, 김이도. 이 사람들을 잘 아시겠지요.

김조순　물론 내 잘 알고 있소만……. 백 변호사, 이제 그만하시오. 몹시 불쾌하군요.

백성민 변호사　죄송합니다만 진실을 밝히기 위해서 어쩔 수 없습니다. 이들이 누구입니까? ▶당시 정부 요직을 독점하고 있었던 안동 김씨, 바로 원고의 일가입니다. 당시 이 분들이 정부 요직을 차지하고 중앙과 지방의 모든 인사권

교고서에는

▶ 안동 김씨와 풍양 조씨가 대표적인 세도 가문이었습니다. 이들은 높은 관직을 독점했지요.

조선 중기·후기의 최고 정치 기
구입니다. 원래는 변방의 사건
들을 논의하던 임시 비상 기구
였는데, 임진왜란 등을 겪으면
서 기능이 강화되었지요. 19세
기에 들어서는 국가 최고의 부
서로서 국정 전반까지도 총괄하
게 됩니다.

을 장악했었지요. 제 말이 틀렸습니까?

김조순　　이야기했지 않습니까? 왕의 장인으로서 국사에
조언하지 않을 수 없었다고요. 또 그러다 보니 우리 안동
김씨 일가의 많은 분들이 도울 수밖에 없었다는 점도요.

백성민 변호사　　왜 **비변사**에 원고의 일족이 들어와야 했
지요? 그 시절 인재는 안동 김씨 일가에만 있었습니까? 안
동 김씨 일가를 비변사에 두고 원고는 그 대표가 되셨던
데, 당시 비변사는 국정 전반을 총괄했던 국가 최고 부서였지 않습
니까? 게다가 군영 대장을 비롯해서 지방 수령, 암행어사, 중국·일
본 사신 임명까지도 관장했더군요. 결국 이게 뭡니까? 안동 김씨 권
력 속에 원고가 자리한 것 아닙니까? 그것은 나라를 위한 정치가 아
니라 가문을 위한 정치였을 뿐입니다.

홍경래　　맞아요. 그때는 정말 김조순의 세상이었지요. 나라 안에
그 사실을 모르는 사람이 없었소.

계속되는 홍경래 측의 공격에 김조순은 미간을 찡그렸다.

나정치 변호사　　이의 있습니다. 친척들이 등용되었다고 하더라도
그것이 곧 왕을 무시했다고 보기는 어렵습니다. 중요한 것은 여기
계신 원고 김조순입니다. 원고는 분명 왕의 정치를 도우려고 했습니
다. 존경하는 판사님. 원고의 진정성을 밝혀 줄 분이 계십니다. 증인
출석을 요청합니다.

판사   좋습니다. 증인을 부르세요.

나정치 변호사   순조 임금님! 자, 앞으로 나와 주시지요.

"순조 임금님께서 법정에 직접 나오셨다고?"

순조 임금이 거론되자 방청석이 술렁거리기 시작했다. 세도 정치 당시 상황이 어떠했는지를 생생하게 밝혀 줄 수 있는 유일한 사람, 순조 임금이 담담하게 증인석에 나왔다.

순조   나는 신성한 한국사법정에서 추호의 거짓 없이 진실만을 말할 것을 맹세합니다.

판사   이곳까지 오시느라 고생 많으셨습니다. 간단히 자신의 소개를 해 주시지요.

순조   안녕하십니까. 조선 23대 국왕 공(玜), 이공입니다. 역사에서는 나를 순조라고 부르지요. 아버지는 이산(李祘), 정조 대왕이십니다. 1790년에 정조 대왕의 둘째 아들로 태어나 1800년에 즉위해서 1834년까지 재위에 있었습니다. 나의 부인 순원 왕후(純元王后)의 아버지이자 내 장인의 억울함이 있다기에 친히 돕고자 나왔습니다.

나정치 변호사   감사합니다. 아까 이야기한 대로만 해 주시면 됩니다. 자, 시작합니다. 먼저 가벼운 질문 하나 드리겠습니다. 증인, 여기 계신 원고 김조순을 잘 아시지요?

순조   허허, 그럼요. 잘 알고 있습니다. 나의 장인 되시지요. 나를 많이 도와주셨습니다.

인릉은 서초구 내곡동에 있는 순조와 그의 비 순원 왕후를 합장한 무덤입니다.

나정치 변호사　선왕 정조 대왕께서도 원고를 각별히 여기셨다는 이야기를 들었습니다만…….

순조　그렇습니다. 아버지 정조 대왕의 신임이 특별했지요. 아버지께서 믿던 몇 안 되는 신하 중의 한 사람이었어요. 나에 대한 부탁을 아버지 정조 대왕으로부터 받았다고 했어요. 그리고 또 당시 부왕을 도와 당쟁을 막고자 노력했다고 들었습니다.

나정치 변호사　좋습니다. 그렇다면 원고께서 전하를 어떻게 보필하셨던가요?

순조   이거 어디서부터 어떻게 말씀드려야 할지 모르겠습니다. 그래도 이야기는 드려야겠지요. 당시 나는 국가를 다스리기에는 너무 어렸습니다. 내가 믿고 의지할 수 있는 사람은 장인밖에 없었지요. 장인어른은 나에게 아버지와도 같았으니까요. 그분은 언제나 내 옆에서 정치를 가르쳐 주셨습니다. 나도 늘 가까이서 모시고자 중요 직책을 여러 차례 부탁드렸지요. 하지만 그때마다 사양을 하셔서 무척 아쉬웠답니다. 장인의 가장 큰 도움이라면 단언 집권 초기에 노론 벽파를 무너뜨린 일이라고 할 수 있겠습니다. 왕권을 강화한다는 측면에서 가장 중요했으니까요. 뭐, 이외에도 많은 일이 있었는데, 하도 많아서 이루 다 말할 수가 없군요. 허허허.

나정치 변호사   왕권 강화에 대해 좀 더 자세히 들어 볼 수 있을까요?

순조   아시지 않습니까? 수렴청정 시기에 정순 왕후는 친정 육촌 오빠 김관주, 그리고 김달순, 김종수, 심환지 등의 강력한 벽파 정권을 만들었잖아요. 당시 나는 왕으로서 힘이 부족했습니다. 그런데 1805년 정순 왕후의 사망과 함께 기회가 온 것이지요. 여기 계신 장인께서 이들 대신들을 단죄하고 나를 중심으로 한 나라를 형성하는 데 큰 힘이 되어 주셨습니다.

나정치 변호사   김문순, 김희순, 김이익, 김이도, 김이교. 이들은 또 누구인가요?

순조   아, 그들은 내가 잘 알고 있어요. 장인어른과도 가까운 분들이지요. 모두 안동 김씨 일가라 들었습니다. 당시 노론 벽파를 깨는 데 공이 많으셨지요. 그리고 그 이후에도 여러 면에서 나를 많이 도와주셨고요. 항상 감사하게 생각하고 있습니다.

나정치 변호사　혹시 그 대신들이 전하를 힘들게 한 적은 없었나요? 전하를 협박했다거나…….

순조　어허, 말도 안 될 일입니다. 어찌 그런 일을 할 수 있단 말입니까! 몹시 불쾌하군요.

나정치 변호사　죄송합니다. 그럼 다시 한 가지 묻겠습니다. 노론 벽파 중 한 사람으로서 유배되었다가 사약을 받은 김달순은 여기 원고와도 한 일가가 된다지요?

순조　그렇습니다. 안동 김씨 일가 친척이었어요. 그럼에도 불구하고 김조순 대감이 처형을 결정했지요. 안타까운 일이었지만, 가문보다도 국가 안위를 먼저 생각했기 때문에 내릴 수 있는 처사였다고 생각합니다.

나정치 변호사　그런데 노론 벽파의 죄목이 뭐였나요?

순조　선왕 정조의 뜻을 배신한 역적들로서 단죄되었습니다.

나정치 변호사　존경하는 판사님. 잘 들으셨지요? 원고 김조순은 권력을 추구했던 인물이 아닙니다. 선왕 정조의 유지를 받들어 여기 계신 순조 임금을 잘 보필하려 했던 것이지요. 이를 위해 몇몇 일가 사람들도 함께 나섰던 것이고요. 국가 안위를 위해 일가 사람을 단죄하기도 했다는 순조 임금의 증언을 통해 원고의 공정성을 확인할 수도 있었습니다. 자, 피고 홍경래는 이제 그만 사실을 인정하고 원고 김조순에게 용서를 구하시지요. 어떻습니까?

"그렇군. 우리가 그동안 김조순을 오해했네. 김 대감은 진정 왕을 도우려 했던 거야."

순조의 증언으로 상당수의 방청객들이 김조순을 달리 보기 시작했다. 그런데 이때! 어딘가 불안해 보이는 순조의 눈빛. 백성민 변호사는 순조의 눈빛이 흔들리는 것을 놓치지 않았다.

백성민 변호사   판사님, 반대 신문 있습니다. 순조 임금께 한 가지 묻겠습니다. 진정 원고 김조순이 증인을 보필했다고 생각하십니까? 이곳은 법정입니다. 괜찮으니 솔직하게 말씀해 보세요.

순조   네, 그렇소만⋯⋯.

백성민 변호사   증인, 이 자리는 신성한 법정입니다. 솔직하게 이야기해 주셔야 합니다. 다시 한 번 여쭙겠습니다. 장인 되는 원고 김조순이 진정 전하를 위해 정치했다고 생각하십니까?

나정치 변호사   이의 있습니다. 지금 백 변호사는 증인의 답변을 유도하고 있습니다.

판사   인정합니다.

백성민 변호사   알겠습니다. 그럼 다른 질문을 드리지요. 증인께서는 **효명 세자**(孝明世子: 익종)를 기억하시지요?

순조   나의 아들, 효명 세자요? 그럼요. 아들을 어찌 잊을 수 있단 말입니까? 안타까운 일이었습니다. 1830년에 스물두 살의 나이로 이 애비보다 저 하늘나라에 먼저 갔으니⋯⋯.

백성민 변호사   아픈 기억이겠지만 한 가지 더 여쭙겠습니다. 효명 세자가 사망하기 전에 **대리청정**을 잠시 했더군요. 한 4년 정도 말입니다.

순조   그랬습니다.

백성민 변호사   ▶그때 세자는 원고의 주변을 공격해 갔지요. 조인영, 조만영 등 조씨 일가를 요직에 등용하면서 말입니다. 갑자기 왜 그랬을까요? 혹시 그 배경을 알고 계신지요?

대리청정

조선 시대에 임금의 허락을 받아 정치 등의 일을 대신 수행하는 것을 말합니다.

교과서에는

▶ 헌종이 여덟 살의 나이로 왕위에 오르자 왕의 외조부인 조만영이 정치의 실권을 장악했고, 이들을 '풍양 조씨'라고 부릅니다.

순조   그것은…….

백성민 변호사   그 시기에 원고 김조순은 여주로 내려가 몇 달 동안 칩거하기도 했고요.

순조는 끝내 답변을 못한 채 말끝을 흐렸다. 무슨 이유가 있었던 것일까? 여기저기서 방청객들이 웅성거리기 시작했다.

백성민 변호사   존경하는 판사님. 1827년에 증인은 열아홉 살 된 세자의 대리청정을 명합니다. 그리고 새로운 측근 세력이 만들어지지요. 왕권 강화를 위한 측근들 말입니다. 이것이 의미하는 것은 무엇일까요? 세자를 내세워 왕권 강화를 도모했던 것 아니겠습니까? 한편으로 원고의 정치적 배제를 그리면서요. 그동안의 세도 정치가 어떠했는지 짐작해 볼 수 있는 대목이라고 생각합니다. 증인 순조의 고뇌도 이해할 수 있고요. 원고가 증인을 도왔다고요? 그것은 말도 안 되는 이야기일 뿐입니다.

나정치 변호사   판사님, 이의 있습니다. 지금 백 변호사는 홍경래 건과 무관한 이야기를 하고 있습니다. 여기에 효명 세자 일이 무슨 관계가 있단 말입니까?

백성민 변호사   아닙니다. 판사님. 왕권 강화를 도모했다는 사실은 중요한 의미가 있습니다. 오죽했으면 세자를 내세워 그렇게 했겠습니까? 그것은 원고의 횡포가 어떠했는지를…….

나정치 변호사   말도 안 됩니다. 심증만으로 그렇게 이야기하지 마십시오.

판사 자, 자, 알겠습니다. 이러다가는 끝이 없겠군요. 이제 그만 정리하지요. 세도 정치가 어떠했는지는 충분히 알 것 같습니다. 증인 순조, 고생하셨습니다.

세도 정치란?

세도(世道)는 본래 '세상을 바르게 다스리는 도리'라는 의미로 중종 때 조광조 등의 사림들이 표방했던 통치 원리입니다. 이때 세도 정치는 좋은 의미의 것이라 볼 수 있지요. 그럼 언제부터 좋은 의미의 세도가 좋지 않은 의미의 세도로 변질되었을까요?

정조 초기에 세도의 책임을 부여받은 홍국영이 있었습니다. 조정의 대권을 위임받아 독재를 했는데, 이때부터 세도가 임금의 총애를 받는 신하나 외척들의 독단적 정치를 일컫는 세도(勢道)로 쓰이기 시작합니다.

19세기 전반기 순조, 헌종, 철종 대가 그러했습니다. 안동 김씨, 풍양 조씨 같은 왕의 외척 세력이 그 중심에 있었습니다. 김조순, 조만영 등이 대표적이지요. 이들 가문 중심의 독단적 정치가 60여 년 동안 이루어지면서 왕권은 약해질 수밖에 없었어요. 그나마 명분을 내세워 사회 변동에 대처하기도 했던 붕당 정치도 완전히 깨지게 되었지요.

세도 정권에는 비판 세력이 없었습니다. 중앙 정치를 주도했던 소수의 집단이 권력을 행사할 뿐이었지요. 아무도 이들의 권력에 도전할 수 없었어요. 따라서 관직을 유지하기 위해서는 세도 가문의 비위를 맞추어야 했습니다. 자연스레 뇌물이 오가며 정치 기강은 무너졌고, 부정과 부패가 만연할 수밖에 없었습니다.

안동 김씨의 김조순

2

삼정의 문란으로 백성들의 삶은 얼마나 피폐해졌을까?

나정치 변호사   그래도 당시 사회 전반은 발전하고 있었습니다. 이것은 분명한 사실이오.

백성민 변호사   말도 안 됩니다. 사회가 발전하고 있었다니요? 그 시절엔 희망도 없었어요.

나정치 변호사   백 변호사님은 여전히 부정적이시군요. 자, 하나씩 설명드리지요. 원고께서 말씀해 주세요. 당시 농촌 상황은 어떠했나요? 쌀 생산량 말입니다.

김조순   허허. 쌀 생산은 많이 늘었지요. 내 그 부분은 자신 있게 이야기할 수 있소. 혹시 **이앙법**이라고 들어 보셨나요? 그래요, 흔히 모내기법이라고도 하더군요. 모내기가 전국적으로 이루어지면서 농촌 상황이 훨씬 좋아졌지요. 이전에 **직파**하던 방법보다 김매기도 편했

> **이앙법**
> 모를 못자리에서 따로 키웠다가 논으로 옮겨 심는 방법입니다.
>
> **직파**
> 모내기법과 달리 논밭에 직접 씨를 뿌려 농사를 짓는 방법입니다.

상품 작물
시장에 내다 팔기 위해 재배하는 농작물을 말합니다.

사상
조선 후기 상품·화폐·경제가 발달함에 따라 등장한 상인을 말합니다. 점차 도고 상인으로 성장해 갔지요.

고, 토지 이용도도 좋았거든요. 노동력은 적게 들고 소출은 많으니 정말 괜찮았지요. 여기저기 **상품 작물**도 재배되어 시장에 내다 팔 수 있었고요.

나정치 변호사　도시가 발달하고 상거래가 활성화되어 여기저기서 물건을 쉽게 구할 수 있었다면서요. 원고께서 그것에 대해서도 말씀해 주시지요.

김조순　그러지요. 여기저기 도시가 발달했습니다. 장시가 형성되고 상설 시장도 만들어지고. 한마디로 경기가 좋았지요. 5일장을 아시죠? 전국이 거의 이 5일장 권으로 연결되어 자유롭게 물건을 살 수 있었어요. 사람들은 나무를 져서 팔기도 했고, 아낙이 밤새 짠 베를 팔기도 했지요. 따라서 **사상**들도 많이 나타났습니다. 대청 무역도 괜찮았지요. 값비싼 청나라 물건이 들어오고 우리 물건도 거래가 되면서 무역이 활발하게 이루어졌어요. 그로 인해 한양에 있는 상인들뿐만 아니라 의주 상인, 평양 상인, 개성 상인 등 도처에서 무역으로 돈깨나 만지는 사람들도 늘었고요. 금속 화폐 유통도 괜찮았고 뭐, 정말 사람 사는 세상 같았어요. 아, 물론 모든 것을 내가 했다는 것은 아닙니다. 그러나 때가 이러했으니, 글쎄요. 희망도 없었다는 말은 좀 문제가 있지 않겠습니까?

백성민 변호사　그럼 한 가지 묻겠습니다. 원고는 지금 농촌의 상황이 좋아졌다고 했지요? 또 도시가 발달하고 상거래도 활성화되었다고 했지요? 그래서 백성들의 삶이 좀 나아졌나요? 아시는 대로 한번 말씀해 보세요.

김조순　　그렇게 물으니 대답하기 좀 그렇군요. 글쎄요, 좀 나아지지 않았겠어요?

　"기가 막힐 뿐이네. 나아지긴 뭐가 나아졌다는 거야?"
　"저들에게는 백성들의 원성이 들리지 않는가 보군."

백성민 변호사　　정말 모르시는 말씀입니다. 농민들의 삶은 이전보다 조금도 나아지질 않았어요. 늘어난 소출은 결국 몇몇 양반들의 것이었고요. **광작** 경영은 소작인들을 도시로 내몰 뿐이었습니다. 결국 이들이 도시로 몰려가 빈민이 되었으니, 도시 또한 사람 살기 좋은 곳만은 아니었지요. 그런데도 백성들의 삶이 좋아졌다니요? 나아졌다니요?

김조순　　모르시는 말씀이오. 당시 나에게 올라온 보고에 따르면 성실히 일해서 부자가 된 이들이 꽤 된다고 했소. 그들 중의 일부는 향촌에서 유명 인사로도 행세했고 말이지요.

백성민 변호사　　그것은 일부 백성들의 이야기일 뿐입니다. 돈을 잘 굴린 이들, 또는 돈으로 신분을 사서 **향직**을 얻은 이들 말입니다. 그러나 농민들 대부분은 그렇지 못했어요. 소작지를 잃을까 봐 전전긍긍해야 했습니다. 지주들의 횡포가 대단했거든요. 지방관들의 수탈은 또 어떻고요. 그러니 이전에 비해 살기 좋아졌다는 말은 하지 마세요. 그 어느 때보다도 일반 백성들의 삶은 비참했으니까요. 당시 농민들은 죽지 못해 살았을 뿐입니다.

> **광작**
> 조선 후기에 이앙법이 일반화되면서 노동력이 절약되어 이루어진 넓은 토지 경작 방법을 뜻합니다.
>
> **향직**
> 지방 관리의 품계를 이르는 말로, 9품 16계로 나누어져 있습니다.

암행어사

조선 시대에 임금의 특명을 받아 지방관을 탐문하고, 백성들의 어려움을 살펴 개선하는 일을 맡았던 임시 벼슬입니다.

탐관오리

백성들의 재물을 빼앗는 탐욕스러운 관리와 부정을 저지르는 관리를 일컫는 말입니다.

교과서에는

▶ 세도 정치가 심해지자 세도가들에게 뇌물을 바치고 관직을 사는 이들이 많았습니다. 이렇게 관리가 된 이들은 백성들로부터 더 많은 세금을 거두어 자신의 재산을 불리기에 바빴지요.

▶▶ 원래 암행어사는 각 고을의 곡물 장부를 살펴서 비리를 적발하는 등 여러 가지 임무를 맡고 있었습니다. 하지만 이미 극에 달한 수령들의 부정은 중앙 권력과 연계되어 있어서 암행어사의 파견으로 막을 수 있는 정도가 아니었어요.

"백 변호사, 말 한번 잘하는구먼. 내 속이 다 시원하네."

"맞네, 참말로 죽지 못해 살았지."

나정치 변호사　알겠습니다. ▶전반적인 사회 발전 속에서 백성들의 삶이 어려웠다는 점은 어느 정도 인정하겠습니다. 그러나 정부 측에서도 노력했다는 점을 인정해 줄 수는 없을까요? 지방의 부정을 없애고 백성의 억울함을 덜어 주기 위해 **암행어사**도 파견했던 것 아닙니까?

홍경래　참 기가 막힐 노릇이오. ▶▶중앙 정부에서 시작된 뿌리 깊은 부정이 그깟 암행어사 파견으로 없어질 거라 생각한단 말입니까? 참으로 한심하오. 자고로 윗물이 맑아야 아랫물도 맑은 법입니다. 당시 암행어사 파견은 아무 도움도 안 되었습니다. 내 이 말은 솔직히 안 하려고 했소만, 지방의 **탐관오리**들과 한패가 된 암행어사가 한둘이 아니었소. 그러니 암행어사가 지방을 순시한다고 뭐가 달라지겠소.

김조순　이거, 뭐 불만이 끝도 없군. 뭐가 그리 힘들었다는 거요! 구체적으로 한번 말해 보시오! 구체적으로!

판사　어허, 원고는 말씀 조심하세요. 이곳은 궁궐이 아니라 만인이 평등한 법정입니다.

백성민 변호사　네, 좋습니다. 구체적으로 이야기해 드리지요. 판사님, 증인 출석을 요청하는 바입니다. 멀리서 오셨는데 우리들에게 당시 상황을 자세히 이야기해 주실 것으로 믿습니다.

판사　증인 출석을 인정합니다.

백성민 변호사　감사합니다. 그럼, 정약용 대감
께서는 앞으로 나오시지요.

정약용. 조선 후기의 학자로 유형원과 이익
등의 실학을 계승하고 집대성했습니다. 주요
저서로는 『목민심서』, 『흠흠신서』, 『경세유
표』 등이 있습니다.

　지팡이에 몸을 의지한 채 걸어 나오는 한 노
인. 나이가 들어 몸은 굽었어도 눈매는 젊은 사
람 못지않게 살아 있었다. 그가 증인석에 가 돌
아설 때까지 그를 알아보지 못한 방청객들의 수
군거림이 계속되었다.

정약용　나, 정약용은 신성한 한국사법정에서
추호의 거짓 없이 진실만을 말할 것을 맹세합니다. 안녕하
시오. 나이 든 노인네를 불러 주어 영광입니다. 김 대감도
오랜만이오.

김조순　허허, 여기서 보게 될 줄이야. 오랜만이오. 그동
안 잘 지내셨소?

판사　두 분은 잘 아는 사이인가요?

정약용　잘 알지요. 정조 대왕을 함께 모셨거든요. 일도 같이 했고요.

김조순　허허. 반갑소. 우리가 헤어진 것이 언제였지요?

정약용　정조 대왕 승하 이후, 천주교가 문제되었던 신유년이었겠
지요. 그때 나는 유배의 길에 올랐고, 김 대감은 정순 왕후 아래에서

천주교가 문제되었던 신유년
1801년 신유년에 천주교 박해
사건이 있었습니다. 이를 신유박
해라고 하지요.

여러 요직을 지내셨지요. 어떻게 그렇게 하실 수 있었는지 궁금했습니다.

판사   그렇군요. 정조 대왕 사후에 두 분의 길이 완전히 달라졌군요.

김조순   물론 나 또한 마음이 편하지는 않았소. 유배를 거둔 일도 너무 늦었고요. 미안하게 생각하오.

정약용   어쨌든 오랜만에 만나는데 이렇게 좋지 않은 일로 만나다니…….. 내 멀리 **강진**을 다녀오느라 몸이 좀 피곤하기도 하고 말이지요.

"유형원, 이익을 계승하여 ▶조선 후기 실학을 집대성했던 정약용 어르신이었구면."

"정약용 어르신이 홍경래를 도우러 올 줄이야. 내가 존경하는 정 대감님을 이렇게 뵙게 되어 영광이네."

백성민 변호사   먼저 정약용 대감을 어떻게 모시게 되었는지 이야기하지 않을 수 없군요. 그렇습니다. 일전에 증인께서 저술하신 『목민심서』를 본 적이 있습니다. 거기에 당시 백성들이 어떻게 살고 있었는지 상세히 기술되어 있더군요. 이에 깊은 감명을 받고 연락을 드렸더니 잠시 고민을 하시고는 언젠가 당시의 상황을 이야기할 날이 올 줄 알았다고 하셨지요. 증인, 이제 말씀해 주시지요. 당시 백성들

강진
1801년부터 시작된 정약용의 유배 생활 대부분은 전라남도 강진에서 이루어졌습니다.

교과서에는

▶ 농업 문제의 해결을 중시하는 실학자들을 중농 학파라고 하는데, 여기에 유형원, 이익과 함께 정약용도 포함됩니다. 농민을 중심으로 농촌 문제를 해결하고자 했지요.

왜 홍경래는 난을 일으켰을까?

의 삶은 어떠했습니까?

정약용 사실 지금 내가 하는 이야기는 어제오늘의 이야기가 아니오. 조선 후기부터 내려온 뿌리 깊은 어려움이었지요. 물론 김 대감이 있던 시절에는 그 참상이 더 했어요. 후세 사람들은 이를 두고 **삼정**의 문란이라고도 부르더군요. 그런 걸 보면 백성들을 많이 힘들게 했나 봅니다.

김조순 정 대감! 옛 감정을 가지고 거짓 증언하지 마시오. 내 분명히 지켜보고 있겠소.

백성민 변호사 증인께서는 걱정하지 마시고 이야기하십시오. 이곳은 신성한 법정입니다.

정약용 좋습니다. 먼저 토지세 이야기부터 하지요. 흔히 전정으로 불리는 부분의 폐해가 한둘이 아니었다오. 토지 등급을 매기는 데에 수령의 농간은 어제오늘 일이 아니었지만, 문제는 이를 확인할 길이 없었다는 거예요. 특히 거둔 세금 따로, 보고하는 세금 따로였기 때문이오. 예컨대 백성들에게 모두 18만 두를 걷었다고 칩시다. 그런데 **호조**에 보고할 때에는 14만 두밖에 되지 않는 겁니다. 이 백성의 혈세 쌀 4만 두가 중간에서 사라졌는데 이것이 결국 누구에게 갔겠소?

홍경래 그야 뻔하지. 관리가 가로챈 거지요. 내가 아는 것만도 한두 마을이 아니었소.

정약용 맞아요. 모두 수령과 아전의 뱃속으로 들어갔어요.

백성민 변호사 토지세는 토지 소유주, 즉 지주가 내야 했다면서요?

삼정
전정(田政), 군정(軍政), 환곡(還穀), 이 세 가지를 가리키며, 토지세, 군역 부과, 양곡 대여를 말합니다.

호조
조선 시대 육조(六曹) 가운데 하나로, 호구(戶口)·공물(貢物)·부역(賦役)·전량(錢糧)·식화(食貨)에 관한 일을 맡아 보던 관아입니다.

소작 농민들과는 상관없는 이야기 아닌가요? 소작 농민들은 토지세를 안 내는 걸로 알고 있는데요.

정약용　그야 그렇지요. 그러나 정작 세금은 소작인들에게 떠넘기고 있었으니, 이 얼마나 고통스러운 일이었겠소? 만약 세금 전가를 거부하기라도 하면 소작도 못했기 때문에 대부분 이를 거부하기 어려웠을 거요.

"역시 우리 마음을 아는 분은 어르신밖에 없구면."
"우리 같은 농민들은 정작 땅을 갖지 못하니, 이게 더 큰 문제 아닌가?"
"그래서 어르신이 마을 공동 농장을 주장하셨다고 하더군."

정약용　세금은 힘없는 소작인들에게 떠넘겨지고, 그마저도 중간 관리들에 의해 착복되고 있는데 조정은 거리가 멀어 듣지 못하고, 감사는 이득만 노리고 살피지 않으니 백성들은 어떡합니까? 고을을 다스리는 수령이 잠자코 있으면 오히려 다행이게요. 이들은 아예 노골적으로 부정에 가담하고 있었으니 이 어찌 백성을 위한 정치라 할 수 있겠소. 이런 일들은 어제오늘의 이야기가 아니어서 내 이야기가 새삼스럽게 느껴지지도 않을 겁니다. 우리 백성들은 이런 분통 터질 일들을 말없이 겪어 왔던 것이지요. 내 진작부터 이 세상에 홍경래와 같은 인물이 나올 줄 알았소이다.

나정치 변호사　판사님, 지금 증인은 사건과 관계없는 일들을 이야기하고 있습니다. 전정의 문제는 사실 어제오늘의 이야기도 아니지 않습니까? 오래된 이 문제를 이번 사건과 연결시킬 수는 없습니다.

백성민 변호사　　아닙니다, 판사님. 오래된 이야기라고 하더라도 노골적으로 드러난 때가 이때이므로 이 사건의 배경과 깊은 관련이 있다고 볼 수 있습니다.

판사　　관련이 있는지 없는지는 제가 판단합니다. 백 변호사는 신문을 계속하세요.

백성민 변호사　　감사합니다. 그럼 이야기를 계속 듣겠습니다. 자, 증인께서는 전정 외에 군역과 관련되어서도 백성들이 어려웠다고 하셨습니다. 이와 관련해서도 증언해 주시겠습니까?

정약용　　군정의 문제를 꺼내자고 한다면 내 이 이야기를 안 할 수가 없소이다. 잘 들어 보시오. 내가 그때 지었던 시 한 수를 들려주리다. 제목은 「애절양(哀絶陽)」이오. 좀 깁니다만 내 끝까지 하리다.

갈밭마을 젊은 여인 울음도 서러워라.
관아 문 향해 울부짖다 하늘 보고 호소하네.
군인 남편 못 돌아옴은 있을 법도 한 일이나
예부터 남절양(男絶陽)은 들어 보지 못했노라.
시아버지 죽어서 이미 상복 입었고
갓난아이는 배냇물도 안 말랐는데
삼대의 이름이 다 군적에 올라 있다니
달려가서 억울함을 호소하려도 범 같은 문지기가 버티어 있고

이정

조선 시대 지방에서는 스물다섯 가구마다 이정이라는 책임자를 두어 이(里) 내의 인구 동향을 파악하도록 했습니다.

잠실 궁형

바람이 전혀 통하지 않는 밀실에서 죄인의 생식기를 없애는 형벌입니다.

이정이 호통치며 하나 있는 소만 끌고 갔네.

남편 문득 칼을 갈아 방 안으로 뛰어들자

붉은 피 자리에 낭자하구나.

스스로 한탄하네. '아이 낳은 죄로구나.'

잠실 궁형이 지나친 형벌이고

민땅 자식들 거세함도 가엾은 일이거늘

자식 낳고 사는 건 하늘이 정한 이치

하늘땅 어울려서 아들 되고 딸 되는 것

말, 돼지 거세함도 가엾다 이르는데

하물며 후손을 잇는 사람에게는 어떠하랴.

권세가들은 한평생 풍악이나 즐기면서

한 톨 쌀, 한 치 베도 바치는 일 없으니

다 같은 백성인데 이다지도 불공평할까.

객창에서 거듭거듭 시구 편을 읽노라.

"무슨 시가 저리도 끔찍한고? 그렇다고 생식기를 자르다니⋯⋯."

"설마 실제로 있었던 이야기는 아니겠지?"

나정치 변호사　판사님. 지금 증인은 사건과 무관한 끔찍한 시를 통해 재판을 감정적으로 이끌고 있습니다. 제지해 주시기 바랍니다.

판사　인정합니다. 증인은 방금 읊은 시가 무슨 뜻인지 설명해 주시지요.

그러나 정약용은 눈을 감은 채 가만히 있었다. 백성민 변호사가 조심스레 다시 묻자 그제야 입을 여는 정약용. 그러나 그의 목소리에는 힘이 없었다. 비참한 그때의 기억에 무척이나 힘들어 하는 모습이었다.

정약용 그러니까 내가 강진 유배 중에 들었던 이야기지요. 갈대밭 마을에서 한 사내가 비참하게도…… 자신의 생식기를 자른 사건이 있었지요. 실제로 있었던 일이라오.

"저런, 저런! 말도 안 되오. 어찌 그리 끔찍한 일이……."
실제 있었던 이야기라는 그의 말에 방청객들이 술렁이기 시작했다. 그 고통이 느껴지기라도 하는 듯이 인상을 찌푸리는 사람들도 여럿 있었다.

정약용 그 사내는 평생을 일해서 소 한 마리를 겨우 마련했더랍니다. 처자식과 함께 열심히 살고자 하는 꿈도 꾸고 있었다지요. 아! 그런데 글쎄 관에서 그 사내의 죽은 아버지와 갓난아이가 군적(軍籍)에 올라 있으니 군포를 내라고 했다는 거예요. 기가 막힐 일이었습니다. 결국 그들은 사내가 군포를 내지 않는다고 소를 끌고 갔다는군요. 울화통이 터질 일이었지요. 어떻게 마련한 소였는데요. 평생을 죽어라 일해서 겨우 마련한 소였습니다. 결국 그 사내는 치밀어 오르는 화를 삭이지 못하고 그 자리에서 식칼로 자기 생식기를 잘라

군적
군인의 주소, 직업 등을 적어 놓은 명부를 말합니다. 당시 군적에 오른 사람은 군포를 납부해야 했지요.

군포
병역을 면제받는 대가로 내던 베입니다.

애절양(哀絶陽)

시아버지 죽어서 이미 상복 입었고
갓난아이는 배냇물도 안 말랐는데
삼대의 이름이 다 군적에 올라 있다니
:

버렸고, 젊은 부인은 관청을 향해 울부짖다 쓰러졌다는 얘기를 들었소.

"그래, 나도 그 이야기 들은 것 같소. 아이를 낳았는데 3일 만에 군적에 올라 있어서 이정이 군포 대신 소를 빼앗아 갔다지요."

"말도 안 되오. 세상에 어찌 그런 일이 있을 수 있단 말이오?"

"심하게는 배가 불룩한 것만 보고도 이름을 지어 군적에 올렸다고 하더군요. 여자를 남자로 바꾸기도 하고 말이지."

"이 사람아, 그건 아무것도 아닐세. 심한 곳은 개의 이름과 절굿공이의 이름도 군적에 올렸다지 않은가?"

김조순   말도 안 되오. 어디서 그런 헛소문을 듣고 와서……, 끙!

나정치 변호사   판사님, 이의 있습니다. 지금 증인은 확인되지 않은 사실을 가지고 법정을 교란시키며 진실을 왜곡하고 있습니다.

홍경래   아닙니다. 백골징포(白骨徵布), 황구첨정(黃口簽丁)이란 말도 들어 보지 못했습니까? 죽은 부모도 모자라 갓난아기까지 군적에 올려 군포를 징수하지 않았습니까? 「애절양」에 나오는 일도 충분히 있을 법한 일입니다.

정약용   정말 백성들의 비참함은 이루 말할 수 없었지요. 난 갈대밭 사내의 이야기를 듣고 잠을 청할 수가 없었소. 우리 백성들의 이 비극은 시대의 지식인으로서 정말이지 견디기 힘든 고통이었습니

백골징포
조선 후기에 죽은 사람의 이름을 군적에 올려 군포를 받던 것을 말합니다.

황구첨정
조선 후기에 어린아이를 군적에 올려 군포를 징수하던 것을 말합니다.

매관매직
돈이나 재물을 받고 벼슬을 시키는 것을 말합니다.

다. 그래서 그때 단숨에 「애절양」을 썼지요. 이렇게라도 표현해야 했습니다.

백성민 변호사　　증인께서 진실을 위해 조금만 더 힘을 내 주시기 바랍니다. ▶당시 백성들은 환곡으로 더욱 힘들었다고 하던데요. 환곡이란 국가에서 곡식을 비축해 두었다가 봄철 같은 어려운 시기에 농민들에게 곡식을 꾸어 주고, 가을 추수 뒤에 갚도록 한 제도라고 들었습니다. 이렇게 본다면 어려운 백성들에게 꼭 필요한 제도였을 텐데요. 도대체 무엇이 문제였나요?

정약용　　원칙적으로는 그렇습니다만, 이것 또한 관청에서 불법적으로 운영했지요.

"이거 뭐, 나라 안에 제대로 돌아간 게 하나도 없었구먼."

"세도 정치 시기에 관의 부패는 유명했지. 다들 매관매직하지 않았던가 말이네."

"자신이 들인 돈을 회수하기 위해서라도 수탈해야 했지. 내가 듣기로는 환곡이 가장 큰 문제였다고 하더군."

교과서에는

▶ 원래 환곡의 이자는 손실을 보충하기 위한 것이었으나 관청의 경비를 마련하기 위한 고리대의 구실까지 하였습니다. 가난한 농민들은 원치 않는 환곡을 떠맡고 높은 이자를 물었지요.

판사　　방청객들은 좀 조용히 해 주세요. 증인, 좀 더 자세히 말씀해 주시지요.

정약용　　이것도 강진 유배 중의 일입니다. 창리(倉吏)의 형제 한 명이 갯마을을 돌아다니면서 돼지먹이 겨 수백 섬을 사 갔더랍니다. 왜 그랬을까요?

홍경래   뻔하지요. 곡식 속에 겨를 섞어서 쌀 1석을 2석으로 만들고자 했겠지요.

고리대
높은 이율의 이자를 받고 돈을 빌려 주는 것을 말합니다.

정약용   그렇습니다. 심한 경우 3~4석도 거뜬히 속였답니다. 이렇게 해서 그 차액을 착복하는 것이지요. 심지어 탐관오리들은 곡식에 짐승의 똥과 돌을 섞어 넣기도 했습니다. 이를 똥 '분(糞)' 자와 돌 '석(石)' 자를 써서 '분석'이라고 하지요. 나중에 농민들로부터 쌀을 돌려받을 때에는 온전한 알곡만 받아서 다시 한 번 차액을 착복했습니다.

홍경래   그래요. 정말이지 **고리대** 중에도 상 고리대였소.

정약용   더 심했던 것은 한 번 속은 농민들이 환곡을 거부하려고 하면 탐관오리들이 억지로 곡식을 갖다 떠안겼다는 거예요. 그들에게는 환곡으로 착복한 곡식이 가장 중요한 수익원이었으니까요. 정말로 기가 막힐 일이지요.

나정치 변호사   무슨 말인지는 알겠습니다. 그런데 그것이 어찌 원고 탓입니까? 지방의 탐관오리, 아전들의 잘못이 아닌가요? 왜 그 책임을 원고가 지어야 한단 말입니까?

홍경래   윗물이 흐린데 어찌 아랫물이 맑을 수 있겠소? 김조순 일가가 다 뇌물을 받고 돌보아 주었던 사람들 아닙니까? 그 아랫사람들이 무얼 배웠겠습니까?

김조순   어허, 저자가! 반역을 일으킨 주제에 참으로 무엄하구나!

"그 당시 사람들이 어떻게 살고 있었는지 상상이 가는구먼."

"그런 점에서 김조순 대감이 책임을 져야 하네."

"내 생각도 그러하네. 어찌 되었든 그 당시 김 대감이 정치의 중심에 있었으니까."

"어허, 김조순 대감도 정치 안정을 위해 애쓰지 않았는가? 그 점은 인정되어야 하네."

"자네 말이 맞네. 그렇다고 홍경래의 죄가 면해질 수는 없네."

판사   자, 조용히 하세요. 원고, 피고 모두 고생했습니다. 오늘 심리로 사건의 전반적인 배경을 알 수 있었습니다. 정약용 증인도 고생하셨고요. 세도 정치 이야기와 함께 당시 사회 상황, 그리고 그 속에서 힘들었던 백성들의 삶까지 많은 생각을 해 보았습니다. 나 변호사, 백 변호사도 고생했어요. 그럼 첫 번째 재판을 마치겠습니다. 다음 법정에서는 홍경래가 왜 봉기했는지를 따져 보겠습니다. 땅, 땅, 땅!

왜 홍경래는 난을 일으켰을까?

다알지 기자

　　안녕하십니까? 시민을 위한 뉴스, 역사공화국 법정 뉴스의 다알지 기자입니다. 저는 지금 이슈의 현장, 김조순과 홍경래의 재판 현장에 나와 있습니다. '세도 정치 하에서 백성들은 어떤 삶을 살았을까?'에 대한 1차 심리가 방금 끝이 났습니다. 여전히 김조순 측이 옳다, 홍경래 측이 옳다는 방청객들의 반응으로 이곳 분위기가 정말 대단했습니다. 오늘 재판을 통해 당시의 백성들이 어떻게 지냈는지를 생생하게 살펴볼 수 있었습니다. 물론 정치 상황에 대한 날카로운 증언도 빠지지 않았는데요. 원고 김조순을 필두로 한 안동 김씨 일가의 세도 정치가 백성들의 삶에 직접적으로 어떤 영향을 끼쳤는지는 좀 더 구체적으로 증명해야 할 과제로 남았다는 생각이 듭니다. 자, 그럼 원고와 피고에 대한 1차 심리를 어떻게 보았는지 나정치 변호사와 백성민 변호사님을 모셔 보겠습니다. 오늘 주장은 무엇이었고, 현 상황을 어떻게 보시는지요? 그리고 앞으로 어떻게 재판을 준비할 계획인지 나 변호사님부터 말씀해 주시지요.

나정치 변호사

감사합니다. 저희는 오늘 1차 공판에서 사람들이 오해하고 있는 부분을 바로잡고자 했습니다. 바로 세도 정치입니다. 그 당시는 어쩔 수 없었던 비상 상황이었지요. 어려운 상황에서 국왕을 보좌하고자 했던 김조순 원고의 노력까지 모두 비판받을 수는 없습니다. 그것은 증인으로 나온 순조 임금께서도 말씀하시지 않았습니까? 사회의 전반적인 상황도 나아지고 있었어요. 농촌의 생산량이 늘어나고 있었고, 상거래가 활발해지면서 도시도 발달했어요. 광산도 괜찮았고요. 비록 국가의 세금을 거둬들이는 방식에 있어 일부 문제가 있었던 점은 인정합니다. 하지만 그렇다고 홍경래가 잘했다고 볼 수는 없지요. 음, 1차 공판에서 이 점을 강조하고자 했지만 삼정의 문란이 먼저 논의가 되어 우리에게 다소 불리하게 작용하지 않았나 생각됩니다. 그러나 중요한 것은 홍경래가 개인적 욕심에서 난을 일으켰다는 점이에요. 다음 심리 공판에서는 이 점을 분명히 밝힐 생각입니다. 역사공화국의 시민 여러분! 원고 김조순 대감의 진정성을 믿어 주시기 바랍니다.

허허, 진실은 반드시 밝혀지기 마련이지요. 원고의 주장이 얼마나 허구적인지 오늘 공판에서 여실히 드러났다고 봅니다. 김조순 원고께서 국왕을 보필하셨다고요? 천만의 말씀입니다. 오늘 그 내용이 나오진 않았지만 제가 수집한 자료를 보면, 이들의 간섭에 순조께서 잠도 못 자고 식은땀에 헛소리까지 냈다고 하더군요. 오죽했으면 효명 세자를 움직였겠습니까? 세도 정치 속에서 백성들의 삶도 무너졌습니다. 그들의 비참함에 대해서는 정약용 선생께서 증인으로 나오셔서 다 말씀해 주셨지요. 당시 백성들이 어떤 삶을 살고 있었는지에 대해서는 모두에게 그 진실이 전해졌을 거라고 봅니다. 홍경래는 봉기할 수밖에 없었습니다. 앞으로 남은 재판에서 우리는 이 점을 분명히 밝히고자 합니다. 역사공화국 시민 여러분! 끝까지 지켜봐 주시고, 피고 홍경래 장군을 응원해 주시길 부탁합니다. 역사는 발전한다고 믿습니다. 재판의 성패가 바로 이 점을 보여 줄 거라고 생각합니다. 감사합니다.

백성민 변호사

홍경래는
왜 봉기했을까?

1. 평안도민은 어떤 대우를 받으며 살았을까?
2. 홍경래는 어떻게 난을 준비했을까?

평안도민은 어떤 대우를
받으며 살았을까?

"그것 보게나. 역시 김 대감이 문제였네. 어린 왕을 꼭두각시로 만들어 놓고, 결국 제 가문 사람들만 모아 놓았던 것 아닌가? 그러니 세상이 제대로 돌아갔겠나?"

"그렇지. 쌀이 많이 나오고, 도시가 번성하고, 세상이 아무리 좋아지면 무엇하나? 정작 백성들은 땅이 없고 쌀이 없어 굶어 죽고 있는데 말이네. 난 홍경래를 이해할 수 있네."

"어허. 자네, 그게 무슨 소리인가? 지난번에 순조께서 김조순 대감이 자신을 보필해 주었다고 하지 않았나? 그런데 꼭두각시라니, 또 홍경래를 이해할 수 있다니!"

"자네가 보기엔 순조 임금께서 김조순을 도와주는 것 같던가? 억지로 이야기하던 순조 임금의 얼굴빛이 왜 자네 눈에는 안 보였는지 모르겠구먼."

"그래도 반란은 좀 너무했네. 아무리 힘들어도 반란을 일으켜선 안 되지."

"나도 같은 생각이네. 홍경래가 평안도 사람들을 죄다 꾀어냈다지 않은가?"

판사   모두 조용히 해 주시기 바랍니다. 홍경래는 왜 봉기했을까요? 자, 오늘은 이 문제를 좀 따져 보겠습니다. 원고 측 신문 시작하세요.

나정치 변호사   감사합니다, 판사님. 자, 우리는 지난 법정에서 백성들이 어떻게 살고 있었는지에 대해서 살펴보았습니다. 제가 보기에 세상은 좋아지고 있었는데, 글쎄요. 백성들의 진정한 삶과는 거리가 있었는지도 모르겠습니다. 네, 좋습니다. 인정합니다.

지난 1차 법정 때 부족했던 자신의 논리를 인정하면서 프레젠테이션 자료를 켜고 있는 나정치 변호사. 그의 오른손에 들린 레이저 포인터가 반짝거렸다.

나정치 변호사   그런데 말입니다, 홍경래가 봉기한 이유는 여전히 이해되지 않습니다. 더군다나 평안도 지역만 똘똘 뭉쳐서 봉기했단 말이지요. 이것은 결국 평안도만의 정치적 사건이었다고 볼 수 있지 않겠습니까?

"그렇군, 저놈의 평안도 사람들이 문제였군."

"정말로 홍경래가 평안도 사람을 죄다 꾀어냈나 보군."

나정치 변호사　　자, 정숙해 주시고요. 자료를 하나 보시지요. 지금
보시는 이것은 피고 홍경래가 일으킨 사건의 전체 상황도입니다.
자, 보세요. 가산 지역부터 마지막 정주성까지, 평안도에서만 봉기가
벌어지고 있습니다. 피고 홍경래는 이 자료를 인정합니까?

　　왜 홍경래는 난을 일으켰을까?

홍경래　　나에 대해 조사를 많이 하셨군요. 네, 그렇습니다. ▶가산에 있는 다복동부터 그리고 저기 정주성까지, 4개월간에 걸친 싸움이 었지요. 인정 못할 것 없습니다. 인정합니다.

나정치 변호사　　좋습니다. 신문 계속하겠습니다. 피고 홍경래는 1811년 12월 18일, 평안도 가산군 다복동에서 영세 농민, 중소 상인, 광산 노동자 등을 모아 난을 벌입니다. 그리고 다음 날인 19일에 가산군을 점령하지요. 이를 막던 가산 군수를 처형하면서요. 그다음 날인 20일에는 평안도 박천을 점령하고, 21일에는 정주를, 24일에는 선천을 점령합니다. 25일에는 철산과 용천을 점령하고, 영변, 귀성, 의주까지 진격하려 했네요. 27일에는 관군이 급파됩니다. 송림에 도착한 후 29일에는 송림 전투를 치르게 되지요. 그리고 관군에게 패하면서 정주성으로 후퇴하게 됩니다.

판사　　나 변호사, 좀 어렵군요. 한눈에 들어올 수 있게 요약을 좀 부탁합니다.

나정치 변호사　　아, 네. 그럴 줄 알고 자료를 준비했습니다. 자, 보시지요.

1811년 12월 18일	평안도 가산군 다복동에서 봉기
1811년 12월 19일	평안도 곽산 공격, 가산군 점령, 가산 군수 정시 참살
1811년 12월 20일	평안도 박천 점령
1811년 12월 21일	평안도 정주 점령

교과서에는

▶ 홍경래가 이끄는 반군은 한때 청천강 이북의 여러 고을을 점령하였으나 정주성 싸움에서 관군에게 패해 진압되었습니다.

1811년 12월 22일	평안도 태천 점령
1811년 12월 24일	평안도 선천 점령
1811년 12월 25일	철산과 용천 점령
1811년 12월 26일	영변, 귀성, 의주까지 진격
1811년 12월 27일	관군 급파 (12월 28일 송림 도착)
1811년 12월 29일	안주 송림 전투, 홍경래군 정주성으로 패퇴 후 농성
1812년 1월 3일	정부군 정주성 포위, 홍경래군 대치
1812년 4월 19일	북장대 폭파, 정주성 점령, 홍경래의 난 진압

나정치 변호사 피고 홍경래는 이 자료를 인정합니까?

홍경래 조사하시느라 고생하셨군요. 역시 인정 못할 것 없습니다. 인정합니다. 다만 봉기 과정 중에 가산 군수 정시 등 관군 쪽의 피해가 있었던 것에 대해서는 나 역시도 안타깝게 생각합니다.

나정치 변호사 오호, 그래요. 그러나 중요한 것은 그게 아니지요. 존경하는 판사님, 그리고 방청객 여러분. 자! 홍경래의 말처럼 세상이 문제였다고 칩시다. 그렇다면 온 백성이 다 함께 들고일어났어야 하지 않을까요? 그런데 홍경래의 사건은 평안도에서만 벌어지고 있습니다. 이것이 의미하는 것은 뭘까요? 피고는 본인이 잘 알고 있는 지역, 바로 평안도에서 주민들을 꾀어 정치적 욕망을 실현하려고 했던 겁니다.

김조순 말씀 한번 잘하는구려. 그렇소. ▶이 사건은 결국 평안도 세

왜 홍경래는 난을 일으켰을까?

력이 일으켰던 반란일 뿐이오.

나정치 변호사　그렇습니다. 순조께서 통치했던 시절은 어수선했습니다. 홍경래는 바로 그 정치적 공백기를 노리고 반란을 일으켰던 것입니다. 피고, 대답해 보세요. 이것이 평안도민을 꾀어낸 것이 아니고 무엇입니까?

홍경래　난 그저 세상이 어지러워…….

나정치 변호사　피고! 그만하세요. 당신의 말처럼 당시의 정치가 문제였다고 칩시다. 그렇다면 조선 팔도가 다 들고일어났어야지요. 왜 전국이 아니라 평안도에서만 봉기가 발생한 겁니까? 당신이 꾀어낸 것이 아니고 무엇이란 말입니까? 자, 말해 보시오. 백성들을 꾀어낸 적이 있습니까, 없습니까?

"옳거니, 그건 맞는 말이네. 세상이 힘들었다면 전국에서 다 일어났어야 하는 것 아닌가?"

"나 변호사 말이 일리가 있군. 이 사건의 경우 평안도에서만 일어났잖아."

"결국 홍경래가 주도했던 평안도만의 반란 사건일 뿐인가?"

백성민 변호사　이의 있습니다, 판사님. 지금 나 변호사는 피고를 윽박지르며 유도 신문을 하고 있습니다. 증거도 없이 꾀어냈다고만 하니 당황스럽군요. 제지해 주시기 바랍니다.

교과서에는

▶ 홍경래의 난은 평안도 지방 사람들을 중심으로 하여, 몰락한 양반인 홍경래 등이 평안도에서 일으킨 농민 봉기였습니다.

판사 인정합니다. 나 변호사는 명백한 증거를 제시하기 바랍니다.

나정치 변호사 허허, 증거요? 좋습니다. 이것을 보여 드리지요.

나정치 변호사의 자료 뭉치 속에서 나온 누런 종이 한 장이 법정 경위를 통해 공정한 판사에게 전해졌다. 무슨 종이인지 궁금해 하는 방청객들. 피고 측 역시 궁금하기는 마찬가지였다. 나정치 변호사가 준비한 증거 자료는 바로 군을 일으킬 때 백성들을 선동했던 홍경래의 격문이었다. 치밀하게 준비해 온 나정치 변호사. 빔 프로젝터가 켜지고, 그의 오른손에 들린 레이저포인터가 다시 반짝였다.

나정치 변호사 자, 보세요. 이것은 홍경래의 격문입니다. 홍경래, 피고가 난을 일으키며 다복동에서 발표했던 것이지요. 물론 글은 참모 격이었던 김창시가 지었습니다. 그러나 홍경래와 함께 모든 것을 논의했을 테니 이것은 곧 홍경래의 것이라고 해도 무방하지요. 자, 그가 어떻게 평안도 사람들을 꾀어내었는지 글을 한번 읽어 보겠습니다.

평서 대원수는 급히 격문을 띄우노라. 무릇 관서는 기자와 단군 시조의 옛터로서 벼슬아치가 많이 나오고 급제하고 문물이 발전한 곳이다. 저 임진왜란에 있어서는 나라를 다시 일으켜 세운 공이 있으며, 또한 정묘호란에는 양무공 정봉수가 충성을 능히 바칠 수 있었다. 그러나 조정에서는 서쪽 땅을 버림이 더러운 흙과 다름없다. 심지어 권문의 노비들도 서쪽 땅 사람을 보면 '평한'이라고 부른다.

서쪽 땅에 있는 자 어찌 억울하고 원통치 않은 자 있겠는가? 막상 급한 일에 당해서는 반드시 서토의 힘에 의존하고 또한 과거 시험에 당해서는 서쪽 땅의 글을 빌렸으니 400년 이래 서쪽 사람이 조정을 저버린 일이 있는가?

지금 나이 어린 임금이 위에 있어서 권신들의 간악한 짓은 날이 갈수록 더 심해지고, 김조순, 박종경의 무리가 국가의 권력을 제멋대로 하니, 어진 하늘이 재앙을 내려 겨울 번개와 지진이 일어나고, 큰 흉년이 거듭 들고, 굶어 부황 든 무리가 길에 널려 늙은이와 어린이가 구렁에 빠져서 산 사람이 거의 죽음에 다다르게 되었다. 그러나 다행히 오늘 세상을 구제할 성인이 나타나 철기 10만으로 부정부패를 숙청할 뜻을 가지셨다.

그러나 이곳 관서 땅은 성인께서 나신 고향이므로 차마 밟아 무찌를 수가 없어서 먼저 관서의 호걸들로 병사를 일으켜 백성들을 구하도록 했으니, 의로운 깃발이 이르는 곳에 소생을 기다리지 않는 사람이 없다.

이제 격문을 띄워 먼저 각 주군현의 고을 원에게 보내니 절대로 동요하지 말고 성문을 활짝 열어 우리 군대를 맞으라. 만약 어리석게도 항거하는 자가 있으면 기마병의 발굽으로 밟아 남기지 않으리니 마땅히 명령을 따라 거행함이 좋으리라. 위 격문을 안주 병사, 우후 목사, 숙천 부사, 순한 현령, 평안 감사, 중군·서윤·강서 현령, 삼화·함종 부사, 증산·영유 현령에게 내리노라.

대원수 홍경래

나정치 변호사　실로 기가 막힐 뿐입니다. 해석해 볼까요? 관서 지역, 즉 평안도 지역의 공사 노비까지 포함한 모든 백성들은 이 격문을 들어라. 평안도 지역으로 말할 것 같으면 고조선 이래 그 중심이 되어 왔고, 벼슬한 이도 많이 나와 문물이 발전한 곳이다. 특히 임진년, 정묘년 나라의 위기 때마다 큰 공을 세웠고, 학식 높은 이도 많이 나왔다. 그런데도 정부는 평안도를 이렇게 무시하고 있으니 억울하고 원통하다. 심지어 양반가 노비들마저도 우리를 평안도 놈이라

고 부른다. 어찌하여 우리가 평안도 놈이 되어야 하는가? 지금 정치
는 권신들의 간악한 짓뿐이다. 특히 김조순, 박종경의 무리가 제멋
대로 정치를 하고 있으니 하늘도 우리를 버리는 것 같다. ▶재해가 끊
이지 않고 최근 큰 흉년이 들어 모든 백성들이 죽어 가고 있는 상황
이다. 그러나 다행히 백성을 구할 성인이 나셨으니 그가 바로 나, 홍
경래요, 이제 평안도 지역에서 의로운 군대를 일으키니 모두가 나를
기다리고 있어라. 각 주, 군, 현의 수령들은 동요하지 말고 성문을 활
짝 열어 우리를 맞이하라. 이런 내용입니다.

"대단하군. 이건 반역이야. 평안도민을 꾀어내고 있어."
너무나도 엄청난 내용의 격문에 법정에 모인 방청객들도 놀라지
않을 수가 없었다. 예상하지 못했다는 듯 백성민 변호사도 당황한
기색이 역력했다. 한편 결정적인 증거를 찾았다는 듯 공정한 판사의
두 눈이 반짝이기 시작했다. 정작 태연한 사람은 홍경래뿐이었다.
그는 올 것이 왔다는 듯이 무덤덤한 표정을 짓고 있었다.

나정치 변호사　　백 변호사님, 이래도 우기실 건가요? 자, 보세요. 여
기 말입니다. 우리 평안도 백성들은 정부를 위해 이렇게
고생했는데 정부가 해 준 것은 무엇이냐? 우리가 왜 욕을
먹어야 하냐? 이렇게 말하고 있습니다. 그리고 또 뭐라고
합니까? 조정의 김조순 대감을 타도해야 한답니다. 또 의
로운 군대에 참여하랍니다. 의로운 평안도 군대가 일어났

평치
평안도 사람들을 낮추어 부르던
말입니다.

다고 하면서 말이지요. 이것이 평안도 백성을 부추기는 것이 아니고 무엇입니까? 여기에 대해 말씀 좀 해 보시지요.

"평안도가 그렇게 차별받고 있었나?"

"한양 사람들은 모르겠지만 평안도 백성들은 그렇게 생각할 수도 있네."

"그건, 자네 말이 맞네. 오랑캐들과의 싸움으로 언제 한번 편히 잔 적이 있었던가 말이네."

"그래도 그렇지. 격문을 한번 읽어 보게. 평안도 백성들을 꾀어내고 있는 건 사실이네."

홍경래　　　그렇습니다. 나는 평안도 백성들을 꾀어냈습니다.

나정치 변호사　　　허허, 이제야 인정을 하시는군요.

홍경래　　　그렇다고 내가 거짓을 이야기한 것은 아닙니다.

김조순　　　저런, 저런. 아주 끝까지 가 보겠다는 거구먼.

홍경래　　　사실이 그랬습니다. 우리 평안도는 천대받고 있었으니까요.

나정치 변호사　　　참으로 기가 막히네요. 도대체 누가 그리 천대했다는 겁니까?

홍경래　　　우리를 평치라느니, 서한이라느니 그렇게 부르지 않았나요? 양반네 노비들마저도 말입니다.

"저들도 알긴 아는구먼. 평안도는 범죄자들이 모였던 동네 아닌

가. 사실 난 지금도 그쪽 사람들은 가까이 하지 않는다네."

"어허, 범죄자 이주 이야기는 다 지난 일 아닌가! 그것도 일부의 이야기일 뿐이네."

"모두 평안도 개척을 위해 그러했다지 않은가."

홍경래   평안도 출신의 과거 급제자가 얼마나 있나요? 평안도에서 높은 자리에 오른 이가 있습니까? 관료로의 희망이 없었습니다. 그래도 우리는 악착같이 살았지요. 땅을 일구고 장사를 했습니다. 그러나 돌아오는 것은 가난과 차별, 그것밖에 없었습니다. 평안도 백

수취 체제

세금을 거둬들이는 제도로, 호를 기준으로 하는 호세, 사람의 수를 기준으로 하는 인두세, 그리고 노동력 징발이 있습니다.

성들 마음은 다 같았지요.

판사   당시 평안도는 경제적으로 어땠나요? 정주의 놋 그릇 제조로 유명하지 않았나요? 연초 재배도 좋았고, 광산도 유명했고요. 많은 노동자들의 삶이 괜찮았을 것 같은데요.

나정치 변호사   맞습니다. 판사님. 특히 평양이 좋았어요. 18세기를 넘으면서 많이 발전했지요. 전국 각지와 물산 거래가 이루어졌고, 장사도 잘 되었지요. 그런데도 찢어지는 가난이었다니요?

백성민 변호사   존경하는 판사님, 인정합니다. 수공업도 발달했고, 광업도 발달했습니다. 대청 무역도 좋았고요. 그렇다고 그것이 평안도 지역 전체의 행복이었을까요? 천만에요. 그것은 몇몇 소수의 부에 지나지 않았습니다. 대부분의 백성들은 어려울 수밖에 없었고, 그것은 더 큰 박탈감일 수밖에 없었어요. 오래전부터 평안도를 무시했던 것도 사실이고요.

    백성민 변호사의 사실적인 이야기에 판사도 고개를 끄덕이며 수긍하는 듯했다.

백성민 변호사   평안도 사람들은 청나라 사신 경비도 부담했습니다. **수취** 체제는 또 어땠습니까? 잘 아시지 않습니까? 각종 명목으로 세금을 거뒀어요. 서북 지역의 경제요? 정부에 줄 닿은 부자 몇몇만 가지고 있었을 뿐이에요. 이들의 고리대도 대단했지요. 농민들은 몰락할 수밖에 없었습니다. 땅을 잃고 망하는 자가 많아지고 있었으니 이 어찌 문제가 아니었겠습니까? 평안도 지역이라고 좋을 것 하나 없었습니다. 이래도 홍 장군이 꾀어낸 것인가요? 꾀고 안 꾀고를 떠나 평안도 사람들 모두가 행동할 수밖에 없었던 상황이었다는 말씀입니다.

홍경래 그렇습니다. 우리 모두는 뜻이 같았습니다. 누가 꾀어내고, 누가 현혹되고 할 상황이 아니었어요. 찢어지는 가난 속에서 더는 살 수가 없어서 모두 함께 일어났던 것이지요. 정부의 수탈과 그로 인한 가난으로 우리에게는 산다는 것 자체가 고통이었을 뿐입니다. 이래도 내가 거짓을 유포했습니까? 우리 평안도는 가난 속에서 지역 차별까지 받고 있었습니다.

백성민 변호사 왜 평안도만 차별받아야 하나요? 평안도 사람들은 이 나라 백성이 아닌가요? 이 세상은 공평해야 합니다. 정부가 해야할 일이 무엇입니까? 나라의 백성이 겪는 고통을 개선시키는 것이 정부가 할 일입니다. 만약 평안도가 차별받지 않았다면 이 지역 백성들이 동요하는 일도 없었을 겁니다. 어찌 난리의 책임이 살겠다고 일어났던 홍경래에게 있단 말입니까? 책임이 있다면 당시 모든 걸 방관했던 원고 김조순, 바로 그를 중심으로 한 세도 정치의 무능에 있다고 봐야겠지요.

2

홍경래는
어떻게 난을 준비했을까?

나정치 변호사 좋습니다. 평안도가 차별을 받았는지 안 받았는지, 그런 지역적 문제는 뒤로하겠습니다. 중요한 것은 결국 홍경래, 그에게 있으니까요. 지금부터 홍경래가 어떻게 난을 준비했는지 상세히 설명하겠습니다. 홍경래의 치밀한 준비에 아마 모두들 놀라실 거라고 봅니다. 여기 증거 자료를 하나 더 제출합니다. 기대하셔도 좋습니다.

나정치 변호사는 서류 가방에서 낡은 종이 한 장을 꺼냈다. 오랜 세월을 버틴 듯 낡은 종이에서 세월이 묻어나는 것 같았다. 그는 차곡차곡 개켜 있던 종이 한 장을 조심스럽게 펼쳤다. 그러고는 잠시 뜸을 들인 뒤에 종이에 쓰인 시 한 구절을 차분하게 읽어 나갔다. 재판을 주관하는 판사나 법정을 가득 메운 방청객들도 숨죽이며 그에게 주목했다.

나정치 변호사　가을바람 불 때 역수의 장사는 주먹을 들어 대낮에 함양에 있는 천자의 머리를 노린다.

"함양에 있는 천자? 천자의 머리를 노린다고?"

나 변호사가 읊은 과격한 내용의 시 한 구절로 법정 안이 갑자기 소란스러워졌다. 당황스럽기는 공정한 판사 또한 마찬가지였으나 이런 와중에 차분한 사람은 홍경래뿐이었다.

판사　나 변호사님, 이게 무엇인가요? 글이 참으로 섬뜩하군요.

나정치 변호사　그렇습니다. 무서운 내용이지요. 누가 이런 것을 썼을까요? 바로 저기 앉아 있는 홍경래, 그가 어린 시절에 썼던 글이랍니다. 『사략』에 나오는 구절이지요. 연태자의 총애를 받던 **형가**가 진시황을 죽이려다 실패한 고사를 인용했더군요.

방청객들이 웅성거리기 시작하자 더 신이 난 나정치 변호사. 그는 이 기세를 몰아 재판을 유리하게 끌고 갈 필요가 있다고 생각했다.

나정치 변호사　존경하는 판사님. 피고 홍경래는 이전에 외숙 유학권에게 글을 배운 적이 있습니다. 당시 유학권도 피고를 상당히 부

『사략』
중국의 역사를 간략하게 기술한 책입니다.

형가
형가는 중국 전국 시대의 연나라 자객입니다. 연나라를 위해 진시황을 암살하려다 실패했지요.

사마시
조선 시대에 생원과 진사를 뽑던 과거 시험을 말합니다. 소과라고도 부르지요.

담스러워했는데 바로 이런 것들 때문이었지요. 『사략』에 관심 많던 어린 홍경래는 이후에도 이런 글에 관심을 두었다는군요. 방금 보여 드린 글을 접한 유학권도 훗날 자신에게 미칠 화를 생각하여 홍경래의 부모에게 우려의 말을 전했다고 합니다. 그렇습니다. 반란은 이때부터 이미 예견되었는지도 모를 일입니다.

판사　피고, 홍경래! 지금 원고 측의 말이 사실입니까?

홍경래　네. 사실입니다. 그러나 그것은 모두 옛날 일일 뿐입니다.

나정치 변호사　아닙니다. 판사님! 이것은 옛일로만 생각해서는 안 될 일입니다. ▶홍경래는 이후 경사와 병서는 물론이고, 『정감록』 같은 술서, 풍수 등 많은 책을 섭렵했더군요. 용력과 무예도 대단했고요. 그는 지역에서 꽤나 유명한 인물이었습니다. 누가 봐도 무언가 할 인물이었지요.

백성민 변호사　그렇다고 그것이 홍경래의 반란을 설명해 줄 수 있는 것은 아니잖습니까?

나정치 변호사　물론 그렇습니다. 그래서 저는 좀 더 깊이 들어가 보았지요. 피고 홍경래, 한 가지 묻겠습니다. 과거에 응시한 적이 있습니까? 있다면 언제 응시하였나요?

홍경래　그것까지 찾아내셨군요. 좋습니다. 다 말씀드리지요. 1798년이었던가요. 평양 **사마시**에 응시했다가 낙방한 적이 있습니다. 좋은 기억은 아니기에 별로 생각하고 싶지 않네요.

교과서에는

▶『정감록』은 조선 후기에 민간에 널리 퍼진 예언서입니다. 이씨의 한양 다음에, 정씨의 계룡산, 조씨의 가야산이 흥할 것을 예언하였지요.

나정치 변호사　　그렇습니다. 이때 과거에 낙방한 피고는 전국을 유랑하며 훗날의 주동자들을 만나게 됩니다. 이것이 반란의 출발점이 되지요. 그의 인생에 있어서 중요한 전환점이 되었다고나 할까요? 사실 홍경래는 과거를 통해 출세하려 했습니다. 그러나 낙방으로 출세가 어려워지자 반란을 선택했던 것이지요. 반란으로 자신의 권력욕심을 그대로 보인 것이 아니고 무엇이겠습니까?

김조순　　이제 좀 진실이 밝혀지는군. 그러니까 이 사건은 철저히 홍경래, 그의 개인적 욕심에서 벌어진 일이었소. 그런데 가만히 있던 나를 세도 정치의 주범으로만 몰아가니 내 어찌 억울하지 않겠소? 피고 홍경래, 당신의 죄를 알겠소? 이제 그만 용서를 비시오.

판사　　원고, 조용히 하세요. 판결은 제가 합니다. 피고, 나 변호사의 말이 사실인가요?

홍경래　　하나씩 말씀드리지요. 그렇습니다. 어린 시절 외숙인 유학권에게 유학을 배웠습니다. 그리고 그분이 나를 부담스러워했다는 이야기도 부모로부터 전해 들은 바 있습니다.

　여전히 홍경래는 차분했다. 나정치 변호사의 공격에도, 김조순의 호통에도 그는 조금도 수눅 들시 않았다.

홍경래　　나는 평양 사마시에서 낙방했습니다. 그리고 그 후로는 두 번 다시 과거에 응시하지 않았지요. 아니 포기했다고 하는 편이 나을 듯싶소.

언감생심
어찌 감히 그런 마음을 품을 수
있겠냐는 뜻으로, 전혀 그런 마
음이 없었음을 말합니다.

풍수군
풍수지리설에 따라 묏자리나 집
터의 길흉을 판단해 주는 사람
입니다. 지사(地師) 또는 지관
(地官)이라고도 하지요.

판사   그게 무슨 말인가요? 피고는 좀 더 자세히 설명해 보세요.

홍경래   과거 준비를 나름 열심히 했던 터라 내심 기대를 많이 했습니다. 그러나 힘없고 줄 없는 우리 같은 사람들은 **언감생심** 꿈도 꾸지 못할 일임을 깨달았습니다. 돈을 쓰지 않고서는 사마시도 통과할 수 없었으니까요. 뇌물이 중요하다고 생각하는 썩어빠진 정치판에서 내가 할 수 있는 것은 없었습니다. 설사 정계에 진출한다고 하더라도 뿌리 깊은 서북인 차별이 내 꿈을 막을 것도 뻔했지요.

나정치 변호사   그래서 그때부터 반역을 계획한 겁니까?

홍경래   아닙니다. 목구멍에 풀칠이나 할 수 있는 **풍수군**이 되려 했습니다. 그래서 고향에 있다가 10여 년 정도 전국을 헤맸던 것이오. 그런데 나정치 변호사 말대로 과거 낙방은 나에게 있어서 중요한 순간이 되었습니다. 그렇다고 해서 내가 그때부터 반란을 도모했던 것은 아닙니다. 다만 사람들을 만나면서 나의 생각이 굳어져 갔을 뿐입니다. 당신들은 몰라요. 백성들의 삶이 얼마나 힘들었는지, 세상을 바꾸어야 한다고 생각했던 사람들이 얼마나 많았는지 말이오.

세상을 바꾸어야 한다는 홍경래의 말에 방청객들이 웅성거리기 시작했다.

"뭐라고, 세상을 바꾼다고? 그게 곧 반역이 아니고 무엇인가?"

"어허, 이 사람아. 세상이 힘드니 그런 것이지. 그런 생각도 못하나? 생각한 것도 잘못인가 말일세."

판사　자, 다들 조용히 하시오. 심리가 진행 중입니다. 소란스럽게 하는 자는 퇴장을 명합니다. 나 변호사, 계속 신문하세요.

나정치 변호사　감사합니다, 판사님. 여러분, 모두 들으셨지요? 지금 홍경래는 세상을 바꿔야 했다고 말했습니다. 참으로 기가 막힐 일입니다. 관련하여 준비한 자료를 보시지요. 홍경래가 얼마나 치밀하게 반란을 도모했는지 알 수 있을 것입니다.

나정치 변호사가 준비한 영상을 켜자, 영상 속에서 몇 사람의 얼굴이 떠올랐다. 맨 위의 홍경래를 시작으로 그 아래 우군칙, 이희저, 김창시, 홍총각의 얼굴이었다. 그들은 홍경래를 도왔던 인물들로, 모두 붙잡히거나 처형되기 직전의 모습이었다. 사진 속 그들의 주름진 얼굴은 고생의 세월을 말해 주는 듯했다. 영상을 바라보고 있는 방청객들은 잠시도 눈을 뗄 수가 없었다. 이내 품속에서 포인터를 꺼낸 나정치 변호사는 영상 속에 있는 첫 번째 인물 우군칙과 두 번째 인물 이희저를 가리켰다.

나정치 변호사　이 사람들은 모두 피고 홍경래에 의해 포섭된 인물들입니다. 반란을 위해 피고가 참으로 치밀하게 준비했다고 보이는데요. 피고에게 한 가지 묻겠습니다. 여기 있는 우군칙과 이희저를 아시죠? 이들을 어떻게 끌어들였지요?

홍경래　네, 그들을 잘 압니다. 부인하지 않겠습니다. 그중에 우군칙은 특별했지요. 방랑길 첫 해에 가산에 있는 청룡사라는 절에서 만났습니다. 그는 홍삼 장사도 좀 했고, 광산 경영에도 참여했던 것으로 압니다. 풍수 보는 능력도 뛰어나 사람들도 많이 따랐고요. 개인적으로 나와 마음도 맞고 하여 함께 전국을 돌아다녔습니다. 원래 태천의 귀한 집 자제였는데, 한마디로 때를 잘못 만난 것이지요. 서

자로 태어났으니 그 능력이 제아무리 뛰어났다고 한들 소용이 있었겠습니까? 일찌감치 장사의 길로 나설 수밖에요. 그는 나와 둘도 없는 동지였습니다. 그렇다고 나는 그를 꾄 적도 없고, 이용한 적도 없어요. 다만 그와 뜻이 같아 함께 일했을 뿐입니다.

판사 이희저는 누구지요? 당신이 끌어들인 인물입니까? 우군칙의 부인을 점쟁이로 변장시켜 접근했다는 이야기를 들었는데 말이지요. 왜 그랬습니까? 그의 돈이 필요했나요?

홍경래 가산의 부자 이희저 말씀이군요. 우군칙과 함께 풍수를 보

서자
본부인이 아닌 다른 여자가 낳은 아들을 말합니다.

아주다가 알게 되었습니다. 물론 그가 돈이 많은 자여서 접근했던 것도 사실입니다. 그가 필요했거든요. 그에게도 내가 이익이 될 거라고 생각했고요. 그러나 그를 협박한 적은 없습니다. 그 또한 장사를 통해 재물을 모아 부자가 된 인물로, 비록 돈으로 무관직을 사긴 했지만 공평하지 못한 세상을 어떻게든 바꾸어야 한다고 생각하고 있었으니까요. 우리의 본거지였던 다복동도 그가 마련해 준 것이었습니다. 고마운 분이었지요. 안타깝게도 일에 실패하여 약속을 지킬 수 없게 된 것에 죄송한 마음이 가득할 뿐입니다.

김조순　정말 기가 막히는군. 반역죄를 저지른 이들끼리 무엇이 고맙고, 무엇이 죄송하다는 건지. 끙! 판사님, 세 번째와 네 번째 인물도 대단했소. 아마 이름이 김창시, 그리고 그 옆은 홍총각이었을 것이오. 특히 홍총각, 저자의 힘이 대단했지요.

홍경래　그래요. 홍총각도 보고 싶군요. 곽산 사람으로 힘이 아주 장사였지요. 서른 살이 넘어도 장가를 못 가서 그냥 '홍총각'이라 불렀어요. 홍총각이 들어왔을 때 그를 따라 많은 장정들이 함께 들어왔습니다. 김창시 어른도 안타까운 분이지요. 글 좀 하는 양반들은 그래도 평안도 곽산의 김창시 하면 다 알았으니까요. 꽤 이름 있는 양반이셨지요. 문장 능력이 뛰어나 그를 따르는 사람들도 많았고, 그와 교류한 상인들도 많았습니다. 그 또한 세상을 나와 같이 바라보았소. 그래서 함께 일을 도모했을 뿐이오. 판사님, 이 점만은 결백합니다. 우리 모두가 일은 함께했어도 누구를 꾀거나 하지는 않았습니다. 믿어 주십시오.

"홍경래, 정말 대단하군. 저자들의 면모를 보게. 우군칙, 이희저, 김창시, 홍총각. 아, 어디 하나 빠질 만한 사람이 있나?"

"정말로 치밀한 참모 구성이야. 우군칙은 홍경래의 최측근으로서 그를 대신할 수 있었고, 이희저는 경제적 측면을 담당했겠구면. 반란의 근거지인 다복동 땅도 제공했다지 않은가."

"김창시는 또 어떻고? 문장 능력이 뛰어났다면서. 백성들을 모으기 위한 격문도 썼다지. 그를 통해 수많은 재력가들이 이들 세력에 투신했다고도 하네."

"홍총각은 충성스러운 행동 대장이었겠지."

나정치 변호사　　존경하는 판사님. 지금까지 홍경래의 참모들을 보았습니다. 지금부터는 그가 어떻게 난을 벌였는지 본격적으로 파헤쳐 보겠습니다. 이를 위해 증인 한 명을 요청합니다.

판사　　인정합니다. 증인 출석하세요.

나정치 변호사　　감사합니다. 아주 어렵게 나오셨습니다. 증인 김익순께서는 앞으로 나오시지요.

김익순　　나 김익순은 신성한 한국사법정에서 추호의 거짓 없이 진실만을 말할 것을 맹세합니다.

김조순　　안녕하시오. 잘 지낸 것 같아 다행이오. 그렇잖아도 한 번은 보고 싶었소.

김익순　　아닙니다. 제가 진작 연락드렸어야 했는데요. 어찌 되었든 드릴 말이 없습니다.

모반 대역
모반은 배반을 꾀하는 것을 말하며, 대역은 국가와 사회의 질서를 어지럽히는 큰 죄를 의미합니다.

김조순   아니오. 다 지나간 일이오. 사건이 워낙 컸던지라 문중에서도 그리할 수밖에 없었소.

김조순과 김익순의 사이에 서로의 안부를 묻는 짧은 인사가 오갔다. 과연 이들은 어떤 관계였을까?

나정치 변호사   존경하는 판사님, 그리고 방청객 여러분. 모두 아실 것입니다. 여기 계신 증인 김익순은 안동 김씨 문중으로 원고 김조순과도 '순'자 항렬이 같지요. 특히 김삿갓으로 유명한 방랑시인 김병연의 조부 되시며…….

김익순   어허, 나 변호사! 그 점은 내가 밝히기로 했지 않소?

자신도 모르게 김익순의 과거를 말해 버린 나정치 변호사는 재빨리 자신의 입을 막았다. 그러나 그를 알아본 사람들의 웅성거림으로 이내 법정이 소란스러워졌다.

"뭐라고? 저 노인네가 김삿갓의 할아버지?"

"그렇다면 저자가 바로 **모반 대역**으로 참수되었다는……?"

"그렇군! 내 들은 기억이 있네. 당시 선천 부사로, 싸우지도 않고 봉기군에 투항했던 인물이라더군. 사태가 위험해지자 또다시 관군에게 의지했다지? 게다가 남의 공을 자신의 것으로 위장하기도 했다네."

"김삿갓이 얼굴을 가리고 평생을 방랑한 이유도 바로 조부 김익순 때문이었다는구먼."

김익순　그렇습니다. 나 김익순은 선천 부사 재직 중에 저자들의 협박과 회유 속에서 그만 씻을 수 없는 일을 하고 말았습니다. 그래서 홍경래군의 상황도 소상히 알고 있지요. 그들이 난을 어떻게 준비했는지도 알고 있습니다. 오늘 이 자리에 용기를 내어 섰습니다. 진실을 밝히고 내 명예도 회복하려고요. 사랑하는 손자 김삿갓, 병연이 녀석에게도 용서를 구하고 말입니다.

나정치 변호사　본의 아니게 증인을 부끄럽게 해서 죄송합니다. 어찌 되었든 어려운 결정을 해 주셔서 감사합니다. 자, 그럼 몇 가지 여쭙도록 하겠습니다. 홍경래는 언제부터 봉기를 준비하고 있었지요? 한때 그곳에 가담했으니 잘 아실 거라 봅니다.

김익순　나도 정확히는 모릅니다. 다만 수년간 준비했던 것만큼은 분명해요. 분명 과거 실패가 계기였겠지요. 내가 듣기로는 조금 전에 영상으로 나왔던 사람들, 그러니까 우군칙이란 사람을 처음 만났고, 이후에 이희저, 김창시, 홍총각 등이 합류되었다고 합니다. 절에서 힘을 길렀다는 이제초도 대단했고요. 아! 김사용도 있습니다. 그는 지략과 힘이 좋았지요. 이들은 모두 홍경래의 참모들로서 반란군의 중간 지도자들이라고 할 수 있습니다.

나정치 변호사　그렇군요. 또 어떤 이들이 가담했나요? 돈 많은 상인들도 있었다고 들었는데요.

김익순　맞습니다. 상인 상당수가 여기에 가담한 걸로 압니다. 이들이 군량의 많은 부분을 책임졌지요. 안주 행상 나대곤의 이야기를 들었는데, 그는 돈 500냥을 마련해 주었다고 하더군요. 안주 성내에 내응 세력도 만들었고요. 곽산 향리 집안의 박성간도 돈 500냥과 쌀 수십 석을 냈다고 했습니다. 돈 많은 상인뿐만 아니라 지방 향리들, 또 지역 **향임층** 내지는 신흥 부농들까지 홍경래군에 가담한 사람이 한둘이 아니었습니다. 게다가 그들 중에는 정치적 야심을 가진 이도 많았지요.

나정치 변호사　광산 개발과 염전을 통해서도 자금이 들어왔다고 하던데요?

김익순　그렇습니다. 홍경래가 직접 이 사업에 참여하고 있었거든요. 그들의 근거지였던 다복동 골짜기에서 말이지요. 홍경래가 얼마나 치밀하게 봉기를 준비했는지 알 수 있지요.

나정치 변호사　좋아요. 기왕지사 말이 나왔으니까 그들의 근거지 다복동 골짜기에 대해서도 한 말씀 해 주시지요. 그곳은 어떤 곳이었나요? 그리고 그곳에서 어떤 일이 있었는지요?

　　증인 김익순의 상세한 설명에 방청객들 또한 진지했다. 그의 증언이 얼마나 구체적인지 그의 말 한마디 한마디에 모든 방청객들이 탄성을 자아냈다. 혹시 그의 증언을 놓치기라도 할까, 우리의 공정한 판사도 바쁘게 메모하며 귀를 세워 듣고 있었다.

김익순　다복동은 이희저 소유였습니다. 때문에 홍경래에게는 이

관서신미록. 홍경래의 난을 기록한 자료로서 기존의 단순한 해석과는 다른 성격의 내용으로 그 가치가 인정됩니다.

희저가 꼭 필요했을 겁니다. 천연의 요새인 다복동은 가산과 박천 사이의 깊은 산에 둘러싸여 일을 도모하기 좋았습니다. 교통도 좋았고요. 조금만 나아가면 북으로는 의주, 남으로는 한양으로 갈 수 있었지요. 이런 곳에서 관의 눈을 피해 군사 훈련, 무기 제조 등의 거사 준비가 추진된 것입니다. 홍경래는 주로 광산장을 열어 광산 채굴 명목으로 노동자들을 모집했는데, 가난에 찌든 사람들이 대거 몰렸습니다. 이들 대부분은 반란군이 되었고요. 그 수가 1000여 명에 달했다고 하니 정말 대단하지 않습니까?

백성민 변호사　이의 있습니다, 판사님. 죄송합니다만 증인의 말을 다 믿어도 되는지 모르겠습니다. 지난날의 증인의 삶을 한번 보세요. 관에 있다가, 또 홍경래군에 들어왔다가, 다시 배신하여 관군에 투항했다가 처벌된 자입니다. 그의 말은 믿기 어려운 부분이 한두 군데가 아닙니다. 지금 증언한 내용에 대해 사실 여부를 확인해 볼

필요가 있습니다.

김익순 　뭐요? 명예 회복을 위해 이곳에 온 나를 못 믿겠다니, 나 참 기가 막히는군요. 진실만을 밝히기로 선언한 나를 무엇으로 보고! 사실인지 아닌지는 저 홍경래에게 물어서 확인해 보면 될 것 아니오. 홍경래, 듣고만 있지 말고 한번 말해 보시오. 내가 틀린 말 했소?

판사 　좋아요. 피고, 한번 말씀해 보세요. 김익순의 증언이 모두 사실입니까?

　잠시 주저하던 홍경래. 그러나 그는 결국 김익순의 말이 사실임을 인정했다. 법정 여기저기서 방청객들의 탄식과 분노의 소리가 쏟아졌다. 이들의 소리가 뒤섞여 법정의 열기는 더욱 뜨거워지고 있었다.

나정치 변호사 　존경하는 판사님, 이뿐만이 아닙니다. 홍경래 저자가 반란을 위해 무엇을 했는지 아십니까? 누가 이것을 좀 해석해 보시지요. 과연 이게 무슨 뜻일까요?

　나정치 변호사는 마지막으로 준비한 낡은 종이 한 장을 봉투에서 꺼냈다. 낡은 종이에는 다음과 같은 글귀가 적혀 있었다.

　일사횡관(一士橫冠)하니 귀신(鬼神)이 탈의(脫衣)하고, 십필(十 疋)에 가일척(加一尺)하니 소구유양족(小丘有兩足)이라.

나정치 변호사　이것은 피고 홍경래가 봉기에 앞서 퍼뜨린 것입니다.

판사　한 선비의 갓이 비뚤어지니 귀신이 옷을 벗고, 열 필에 한 자를 더하니 작은 언덕에 발이 둘 달렸더라. 도대체 이게 무슨 뜻인가요?

나정치 변호사　판사님, 이것은 글자 그대로 해석해서는 안 됩니다. 자, 지금부터 제 이야기를 잘 들어 보시기 바랍니다. '선비 사(士)' 자에 '한 일(一)' 자를 얹어 보세요. 그러면 '임(壬)' 자가 되지요. 다음으로 '귀신 신(神)' 자에서 '옷 의(衣)' 자와 비슷한 '보일 시(示)' 자를 빼 보세요. 그러면 '신(申)' 자가 됩니다. 그리고 '달릴 주(走)' 자에 '척(尺)' 자를 더하면 '일어날 기(起)' 자와 비슷한 모양이 되지요. 마지막으로 '언덕 구(丘)' 자에 다리가 둘 있으면 '군사 병(兵)' 자가 됩니다. 자, 이제 뜻인지 아시겠습니까? '임신기병(壬申起兵)'. 이제 아시겠지요? 1812년 임신년에 군사를 일으키겠다는 뜻입니다. 이것 보세요. 홍경래는 이런 괴상한 말로 앞으로 다가올 일을 이야기하며 사람들을 미혹했던 것입니다. 물론 다복동이 노출되면서 서둘러 기병할 수밖에 없었지만요.

상당수의 방청객들이 홍경래의 치밀한 계획에 놀랐다. 심리를 주관하는 공정한 판사의 표정에서도 진지함이 묻어났다. 홍경래가 난을 어떻게 준비했는지 알 것 같다는 얼굴이었다. 어느덧 시간은 정시를 넘어서고 있었다.

판사   오늘 많은 사실들을 밝혀낸 것 같습니다. 심리 과정 모두 최종 판결에 중요하게 작용할 것입니다. 물론 홍경래가 봉기한 이유에 대해서는 몇 가지 석연치 않은 점들이 있습니다. 홍경래가 난을 일으킨 당시의 상황에 대해서는 인정하나 그의 의도에 대해서는 보다 구체적으로 밝혀 보아야 할 것입니다. 오늘은 시간이 되었으니 이쯤에서 2차 심리를 마무리하겠습니다. 땅, 땅, 땅!

홍경래와 김삿갓의 기막힌 인연

방랑 시인 김삿갓은 풍자와 해학이 넘치는 시로 유명합니다. 형식을 깨뜨린 한시는 그의 천재성을 보여 주며 세상에 대한 저항과 한, 원망의 표출에 망설임이 없습니다.

김삿갓은 김조순의 증인으로 나왔던 김익순의 손자로 본명은 김병연입니다. 1807년 3월에 경기도 양주군 회암면에서 태어났지요. 아버지 김안근과 어머니 함평 이씨 사이에서 태어난 둘째 아들이었어요. 그런데 어릴 적부터 총명했던 그가 집을 떠나 방랑해야 했던 이유는 무엇이었을까요?

앞서 이야기했지만, 그 발단은 1811년에 홍경래에게 투항했던 선천 부사 김익순으로부터 시작됩니다. 당시 김병연은 다섯 살이었기 때문에 이런 상황을 전혀 몰랐겠지요. 대역죄인의 가문이 되었다는 사실을 말입니다. 김익순 때문에 가족 모두 떠돌이 신세가 되었고, 아버지 김안근은 화병으로 눈을 감았습니다. 김병연의 어머니는 아무것도 모르는 자식들을 데리고 강원도 영월로 들어갔지요. 언젠가 이 아들들이 쓰러진 가문을 다시 세우리란 희망을 가지고서요.

후에 김병연은 가산 군수 정시의 충절을 논하고, 김익순의 죄가 하늘에 닿았음을 탄하는 시를 써서 향시의 장원으로 뽑힙니다. 집안의 내력도 모르고 할아버지 김익순의 죄를 희롱했던 것이지요. 곧 어머니로부터 집안의 내력을 들은 김병연은 조상을 욕되게 한 죄인이라는 자책과 폐족의 자식이라는 멸시를 참지 못하고 그의 나이 스물두 살에 집을 떠나게 됩니다. 그때부터 자신은 푸른 하늘을 볼 수 없는 죄인이라면서 삿갓을 쓰고 방랑의 시를 쓰게 되었지요. 1863년 전라도 화순 어느 선비의 집에서 죽음을 맞이할 때까지 그는 평생을 그렇게 살았던 겁니다.

다알지 기자

안녕하십니까? 역사공화국 법정 뉴스의 다알지 기자입니다. 오늘도 저는 재판 현장에 나와 있습니다. '홍경래는 왜 봉기했을까?'에 대한 2차 심리가 끝이 났는데요. 이번 재판에서는 당시 평안도에서 살아가는 백성들이 어떤 대우를 받았는지 살펴보고, 홍경래의 난이 평안도에서 일어날 수밖에 없었던 이유에 대해서 이야기했습니다. 이에 원고 측은 홍경래는 평안도 사람들을 꾀어낸 것뿐이라며 증거 자료로 당시 난을 주도하기 위해 사용했던 격문 등을 제시했습니다. 또 홍경래와 함께 일을 도모했던 주변 인물들을 소개하면서 이들을 부정한 일에 꾀어낸 홍경래를 맹비난했지요. 하지만 홍경래 측은 순수하고 정의로운 목적에서 시작된 협력이었다고 주장했습니다. 팽팽한 긴장감이 맴돌았던 이번 재판의 승자는 과연 누가 될지 귀추가 주목되고 있는데요. 아! 말씀드리는 순간, 저기 원고와 피고가 나란히 보이네요. 원고와 피고를 직접 인터뷰하는 것은 쉽지 않은 일인데요. 좀 더 가까이 가서 이야기를 들어 보겠습니다.

반갑소. 나 김조순이오. 아마 오늘 재판을 보신 분들은 다 아셨을 겁니다. 저 홍경래가 얼마나 흉측한 인물이었는지요. 이제 다 밝혀지지 않았습니까? 홍경래는 평안도의 지역적 차별을 운운하고 있지만 사실 그것은 한낱 핑계에 불과합니다. 실상은 자신의 권력 욕심을 채우기 위해 평안도 사람들을 꾀어냈던 것이니까요. 자신의 과거 낙방을 계기로 말이지요. 핵심 참모로 우군칙, 이희저, 김창시, 홍총각, 이제초, 김사용 등을 포섭하여 반란을 모의하고, 다복동에서 군사 훈련도 시키지 않았습니까? 이것은 반역이에요. 자신의 권력을 위해 수많은 사람들을 끌어 모아 일으켰던 반란 사건일 뿐입니다. 이런 점에서 나는 홍경래 저자를 용서할 수 없습니다. 다음 법정에서 이 점을 좀 더 강조할 생각입니다.

원고 김조순

피고 홍경래

안녕하십니까? 홍경래입니다. 나는 1811년 12월 18일에 평안도 다복동 골짜기에서 군사를 일으켰습니다. 봉기로 인한 피해에 대해서는 나도 안타깝게 생각합니다. 하지만 그것은 어쩔 수 없는 결정이었습니다. 모든 게 다 공평한 세상을 만들기 위함이었으니까요. 여러분도 아시지 않습니까? 당시 세상이 어떠했는지, 원고 김조순을 비롯한 안동 김씨의 세도 정치가 어떠했는지 말이오. 나는 과거 낙방 이후에 세상을 돌면서 나라가 썩어 가고, 백성들이 쓰러져 가는 것을 똑똑히 보았습니다. 백성들은 빌어먹고 굶주리다가 죽음을 맞곤 했어요. 김조순이야말로 자신들의 권력을 이용한 배불리기에 혈안이 되어 백성들의 피폐함은 안중에도 없었지요. 그런 세상을 더 이상 눈 뜨고 볼 수 없었습니다. 누군가는 바꿔야 했지요. 그래서 내가 일어났던 것입니다. 이 점에 대해서 다음 법정을 통해 더 강조하고자 합니다. 시민 여러분! 나를 지지해 주시기 바랍니다. 여러분의 응원이 역사를 만들 수 있습니다.

왜 홍경래는 난을 일으켰을까?

조선 시대 문헌으로는
어떤 것이 있을까요?

민간에서 전해진 예언서, 『정감록』

　조선 시대 이래 민간에 널리 유포되어 온 예언서로, 『송하비결』, 『격암유록』과 함께 조선 시대 3대 예언서로 손꼽힙니다. 공식적으로 전해지지 못하여 여기저기에서 만든 이본(異本)이 많은 것이 특징이지요. 당시 왕에 반대하는 내용을 담아 나라에서 금하여 민간에 은밀히 전해졌습니다.

　처음 쓰여진 시기에 대해서는 이견이 많이 있습니다. 그중에서도 사회 혼란이 극심했던 임진왜란과 병자호란 이후에 쓰였다고 보는 설이 가장 설득력 있게 받아들여지고 있지요.

　'정감'과 '이심'의 대화 형식으로 이루어져 있는데, 조선의 흥망과 관련하여 이씨의 한양 몇백 년 다음에는 정씨의 계룡산 몇백 년, 조씨의 가야산 몇백 년, 범씨의 완산 몇백 년식으로 이어질 것이라고 예언한 것이 그 내용입니다.

보름 만에 완성된, 『순오지』

　1678년인 숙종 4년에 홍만종이 지은 잡록입니다. 조선 시대 유명한 시인이었던 정철과 송순 등의 시가를 담은 책으로, 이외에도 중국의 소설인 「서유기」에 대한 평론 등을 담았으며, 부록으로 130여 종의 속담이 수록되어 있지요.

　이 책의 특징 중 하나는 첫머리에 단군의 사적을 여러 면에서 다룬 것입니다. 단군의 신이한 통치가 우리 역사의 출발이라는 인식을 가지고 있었으며, 임진왜란과 병자호란을 겪고 나서도 해이해져 있는 당시 사회에 대해 비판을 하였지요. 이 책에서는 고구려 시대의 실질적이고 전투적인 기상을 계승해야 한다고 주장하고 있습니다.

　한편 이 책은 '십오지(十五志)'라고도 불리는데, 보름 만에 책을 완성하였다고 붙여진 이름입니다.

왕의 비서실에서 기록한, 『승정원일기』

　국가의 모든 비밀을 다루는 기관인 승정원의 일기입니다. 승정원은 당시 왕의 비서실이라 할 수 있는데, 왕이 내린 명령이나 모든 행정 사무, 의례적인 사항을 기록한 것이지요.

　단일 사료로서는 가장 방대한 양으로 사료적 가치가 높게 평가되어 국보 제303호로 지정되어 있습니다. 모두 약 3000책이 넘으며, 글자 수만 해도 2억 자가 넘는 분량에 해당합니다.

　『조선왕조실록』을 편찬할 때 기본 자료로 쓰였으며, 임진왜란 등 전쟁으로 인해 조선 전기에 쓰여진 것은 불타 없어졌으나 그 이후의 것은 남아 있습니다.

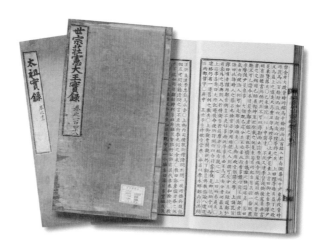

한 왕조의 오랜 역사, 『조선왕조실록』

국보 151호로 지정되어 있는 『조선왕조실록』은 조선 태조에서부터 조선 철종 때까지 25대 472년간(1392~1863)의 역사적 사실을 일어난 순서대로 기술하여 기록한 책입니다. 연월일 순서에 따라 기록되어 있으며, 별칭으로는 '조선실록'이라고도 불리지요.

한 왕조의 역사적 기록으로는 세계에서 가장 오래되고 가장 내용이 많은 역사책으로 손꼽히고 있습니다. 그래서 현재 남아 있는 정족산본 1181책, 태백산본 848책, 오대산본 74책, 기타 산엽본 21책을 합친 총 2077책이 유네스코 세계기록유산으로 등재되어 있습니다.

조선 시대 왕들이 이 『조선왕조실록』에 대해 어떻게 생각했는지는 "내가 무서워하는 바는 오직 하늘과 사관뿐이다"라는 말에 잘 나타나 있습니다. 매일 사관이 역사를 기록하는 것에 신경을 기울였던 것이지요. 왕의 실록은 반드시 해당 왕이 죽은 다음에 작성되었으며, 임금은 어떠한 경우에도 실록을 볼 수 없었습니다. 사관들은 독립성과 비밀성을 보장받아 사소한 사항까지도 있는 그대로 작성할 수 있었답니다.

국정에 도움이 된, 『일성록』

1752년인 영조 28년부터 1910년까지 왕들의 행적을 적은 책입니다.
정조의 지시로 규장각의 각신이 기록하기 시작하여 그 뒤 계속 편찬되
었지요. 2327책의 분량으로 『조선왕조실록』, 『승정원일기』, 『비변사등록』
과 더불어 조선 왕조에서 펴낸 대표적인 사서의 하나로 일컬어집니다. 현
재 국보 제153호로 지정되어 있지요.

왕의 일체의 행위나 국정의 모든 사항을 기록하여 흔히 '왕의 일기'라고
표현하기도 합니다.

전쟁이나 화재 등으로 일부가 소실된 『조선왕조실록』이나 『승정원일
기』와 달리 2327책 모두 남아 있는 것이 특징입니다. 또한 연대기 순이
아닌 주제 순으로 기록한 것 역시 특징이지요. 그리고 실록의 기록은 후대
임금이 볼 수 없기에 실제 국정에는 도움이 되지 않았지만, 『일성록』의 기
록은 후대 임금이 보고 국정에 참조할 수 있어서, 국정 운영에 도움을 주
는 자료였습니다.

〈환어행렬도〉

『조선왕조의궤』

그림으로 보는, 『조선왕조의궤』

조선 시대 600여 년에 걸친 왕실의 주요 행사나 결혼식, 장례식, 연희 등을 글로만 남길 수는 없었습니다. 그래서 이러한 활동에 대한 기록을 그림과 함께 남겼지요. 사신들을 영접하거나 왕실에서 일어나는 문화 활동도 마찬가지였습니다. 이렇게 조선 시대에 왕실이나 국가의 주요 행사의 내용을 정리한 기록을 『조선왕조의궤』 또는 줄여서 『의궤』라고 부릅니다.

국가의 주요 행사가 있을 때 훗날 참고하기 위해 남겼으며, 이를 위해 임시 기구인 '도감'을 두어 이를 주관하고 행사를 마치면 도감을 해체하고 '의궤청'을 설치하여 의궤를 편찬하도록 했습니다.

이 외에도 〈환어행렬도〉와 같은 기록화 병풍도 있습니다. 〈환어행렬도〉는 여덟 폭의 기록화 〈화성능행도병〉 중의 한 장면으로서, 정조가 현륭원에서 사도세자를 성묘하고 회갑을 맞은 혜경궁 홍씨에게 진찬례를 올린 다음 화성에서의 모든 행사를 마치고 한양으로 돌아가는 모습을 담고 있습니다. 〈환어행렬도〉는 길게 이어지는 행렬들의 옷차림 하나하나, 가마와 깃발까지도 세밀하게 표현하고 있는데요, 이는 『의궤』와 마찬가지로 일상의 순간들을 꼼꼼하게 그림으로 기록했던 조선의 기록 정신을 잘 보여 주는 것이라고 하겠습니다.

그림 출처: 서울대 규장각 도서관 http://e-kyujanggak.snu.ac.kr

홍경래는
영웅일까, 반역자일까?

1. 홍경래는 정말 의를 위해 봉기했을까?
2. 나라와 백성을 위한 반란은 정당한 것일까?

1

홍경래는 정말
의를 위해 봉기했을까?

"재판 결과가 어떻게 날지 모르겠군. 이렇게 보면 홍경래가 맞고, 또 저렇게 보면 김조순이 맞으니……."

"난, 말이여. 솔직히 홍경래 편일세. 아, 그런 상황이면 누구라도 일어나야지. 안 그런가?"

"어허, 이 사람이 정말 큰일 날 소리를 하는구면. 그것은 반역일세, 반역!"

"어찌 그게 반역인가? 다 좋은 세상을 만들자고 한 건데. 몇 번을 말해도 듣지 않으니 그리했던 것 아닌가?"

"그렇다고 반역을 두둔해 줄 수는 없네. 나라에는 기강이 있어야 하네."

"어허, 이 사람. 홍경래 같은 사람이 있었기 때문에 정치가 나아진 것은 왜 생각 못하나?"

김조순과 홍경래의 3차 공판정은 가득 들어찬 방청객들로 매우 소란스러웠다. 한편에는 세간의 관심을 반영하듯 방송국 기자들도 와 있었다. 홍경래를 어떻게 평가할까? 김조순과 홍경래, 이들의 마지막 심리 공판이 공정한 판사의 땅, 땅, 땅! 망치 소리와 함께 시작되었다.

법이나 제도가 확립되지 않고 질서가 문란한 세상을 말합니다.

판사 홍경래를 어떻게 평가해야 할까요? 이 중요한 문제를 풀기 위해 우선 피고 홍경래가 봉기한 이유부터 정리하고 가겠습니다. 원고 측 변호인, 신문 시작하세요.

나정치 변호사 홍경래의 평가는 참으로 중요한 사항이 아닐 수가 없습니다. 이번 결과에 따라 제2의 홍경래, 제3의 홍경래가 나오느냐, 안 나오느냐가 결정될 수 있기 때문이지요. 우선 그의 무례함과 방자함을 지적하지 않을 수 없습니다. 피고 홍경래는 꼭 싸워야만 했을까요? 봉기 이외의 정당한 절차는 정말로 불가능했던 걸까요?

김조순 옳소! 이 나라엔 엄연히 국법이 있소. **무법천지**처럼 칼을 들이대면 안 되지요.

판사 원고는 발언을 좀 조심하세요. 나 변호사 계속하세요.

나정치 변호사 그렇습니다. 나라에는 국법이 있는데 봉기를 일으키다니, 정말 말도 안 될 일이지요. 홍경래의 봉기 이유를 밝히기 위해 먼저 사건 상황을 간략히 요약하겠습니다. 자, 이 영상을 한번 봐 주시기 바랍니다. 홍경래군이 어떻게 진출하고 있는지 알 수 있지요.

재판 셋째 날 | 홍경래는 영웅일까, 반역자일까? 119

▶홍경래는 1811년 12월 18일 밤, 청천강 근처 다복동이라는 계곡에서 군사를 일으킵니다. **남진군** 무리를 이끌고 가산 관아와 박천을 점령한 뒤 서울로 향하게 되지요. 한편 곽산에서 북진군을 거닐던 부원수 김사용은 정주성을 함락하고 선천, 철산, 용천을 점령합니다. 참으로 대단한 기세라 할 만하지요. 인근 여덟 개 군현이 점령되자, 이제 군사적 요충지인 안주와 의주가 위협받습니다. 그러나 용맹스러운 우리 관군에 의해 남진군은 박천 송림에서, 그리고 북진군은 곽산 사송평에서 저지됩니다. 그러자 이들은 최후 항전을 위해 정주성으로 들어가지요. 이때가 12월 29일이었습니다. 그들은 이곳에서 100여 일이나 농성하며 버티지만 용맹스러운 우리 관군에 의해 완전 진압되어 반란의 끝을 맞게 됩니다. 이날이 1812년 4월 19일이었습니다. 그 사이에 엄청난 피해가 있었지요. 홍경래가 조금만 더 일찍 죄를 뉘우치고 항복했더라면 조금이라도 손실을 줄일 수 있었을 텐데, 참으로 안타깝습니다.

남진군
남쪽으로 진격하던 홍경래 군대입니다. 북진군은 북쪽으로 진격하던 군대겠지요.

판사 다소 복잡한 봉기 과정을 알기 쉽게 정리해 주어 고맙습니다, 나정치 변호사.

나정치 변호사 감사합니다, 판사님. 여러분은 어떻게 생각하십니까? 이전에도 농민 봉기는 있었습니다. 그러나 이 정도까지는 아니었지요. 그저 못 살겠다고 하소연하거나 항의하는 정도였습니다. 이 경우도 **산호 투쟁, 횃불**

교과서에는

▶ 홍경래는 가난한 농민들을 중심으로 광산에서 광부로 품을 파는 이들까지 동참시켜 세력을 키웠습니다.

산호 투쟁
농민들은 동헌이 보이는 마을 앞 산에 올라가 큰 소리로 관의 학정을 고발하기도 했지요. 이를 가리켜 산호 투쟁이라고 합니다.

횃불 투쟁
농민들은 밤에 횃불을 들고 산에 올라가 항의하기도 했는데요. 이를 횃불 투쟁이라고 합니다.

투쟁 정도였다면 사실 원고 김조순도 소송까지는 안 갔을 겁니다. 그런데 이 사건의 상황을 한번 보세요. 너무나도 계획적이고 치밀하게 평안도를 점령해 갔다는 것을 알 수 있습니다. 그래 놓고는 반란을 일으킨 원인이 모두 원고 때문이라고 하니 너무 억울한 일 아닙니까? 정말 말도 안 되는 일이지요. 피고 홍경래는 이렇게 꼭 칼을 들어야만 했을까요?

김조순 　나도 당시에 보고를 받은 기억이 있소. 1800년에 안동에서, 또 1808년에 북청, 서천, 그리고 거, 어디더라? 그래요. 1811년에 해주, 황주에서도 비슷한 일이 있었지요. 그때도 봉기가 일어나긴 했지만 홍경래처럼 이렇게 계획적이지는 않았어요.

나정치 변호사 　그렇습니다. 홍경래는 정부 타도를 주장하며 사회 전복을 시도했어요. 과거 낙방 이후 자신의 권력욕을 실현하기 위해 여러 계층의 참모들을 규합하고 평안도민을 끌어들였지요. 그에게 있어서 백성들의 삶은 반란을 위한 명분에 지나지 않았습니다. 그는 반역을 일으켰던 것입니다. 존경하는 판사님, 이 점 판결에 참고해 주시기 바랍니다.

김조순 　맞습니다. 피고는 정부 전복을 기도했던 거요. 이건 반역이요, 반역! 나와 우리 가문을 몰아내고, 왕을 능멸하려 했던 당신! 그럴듯한 말로 백성들을 선동하여 자신의 야망을 이루고자 했던 당신의 그 시꺼먼 속을 누가 모를 것 같아?

백성민 변호사 　말도 안 됩니다! 백성들의 어려운 삶을 주장한 것이 피고 개인의 권력을 얻기 위한 명분에 지나지 않는다니요? 피고 홍경래는 그런 사람이 아닙니다.

홍경래　　저도 한 말씀 올리겠습니다. 나 홍경래, 평생을 의로 살아왔습니다. 나의 권력을 위해 봉기했다니요? 참으로 억울합니다. 나는 절대 그렇게 살지 않았습니다. 믿어 주시오.

나정치 변호사　　우겨도 소용없습니다. 진실은 밝혀지기 마련이니까요. 과거 낙방이 계기가 되어 반란을 일으킨 것은 사실 아닙니까? 전국을 돌며 핵심 참모를 모은 것도 확인되었고요. 천혜의 요지인 이희저 소유의 땅, 다복동을 광산장으로 위장한 것도 밝혀졌습니다. 여기서 반란군을 모아 훈련시킨 것도 알려졌지 않습니까! 결국 뭡니까? 자신의 권력을 위해 수많은 사람들을 끌어 모아 일으켰던 반란, 곧 반역이지 않습니까? 자, 피고는 이제 그만 모든 것을 인정하시지요.

판사　　자, 자, 진정들 하시오. 다그친다고 될 일이 아닙니다. 하나씩 정리해 봅시다.

백성민 변호사　　존경하는 판사님, 이의 있습니다. 지금 나정치 변호사는 확인되지 않은 사실을 이야기하고 있습니다. 피고가 과거 낙방을 계기로 전국을 방랑했다는 사실은 인정하겠습니다. 그리고 이후 방랑길에서 만난 사람들이 의견이 맞아 다복동에서 은신하며 난을 모의했다는 것도 인정하겠습니다. 그러나 피고 자신의 권력욕을 위해 평안도민을 꾀어냈다는 점은 인정할 수 없습니다. 원고 말대로 피고가 권력욕에 눈이 멀었다면 당시 흔하게 일어나던 뇌물을 썼을 테지요. 자신만을 위해 누가 그렇게 무모한 짓을 벌인단 말입니까? 홍경래는 더 좋은 세상을 위해 누군가가 해야 할 일을 했을 뿐입니다.

판사 좋습니다. 지금까지의 이야기를 하나씩 정리해 봅시다. 양쪽 모두 과거 실패가 결정적 계기가 되었다는 점에는 동의를 하고 있군요. 그리고 이후 방랑하며 사람들을 모았다는 것도, 다복동을 근거지로 봉기했다는 것도 모두 동의하고 있어요. 그런데 그다음부터 이야기가 달라지네요. 원고 측은 홍경래가 자신의 권력을 위해 일으킨 반란일 뿐이라고, 피고 측은 더 좋은 세상을 만들고자 했던 것이라고 주장하고 있군요.

"생각해 보게나. 군대를 일으켰어. 자신이 왕이 되겠다는 뜻이 아니고 무엇이겠는가? 홍경래는 권력을 위해 일어났을 뿐이야."

"무슨 소리인가! 애초에 김조순이 정치를 잘했다면 홍경래가 봉기했겠는가? 세상은 달라져야 했어. 백성들을 위해서라도 누군가는 해야 할 일이었다고."

백성민 변호사 이렇게 하다간 끝도 없겠군요. 존경하는 판사님, 홍경래의 억울함을 풀어 줄 수 있는 증인 한 분을 요청하는 바입니다.

판사 좋습니다. 증인 부르세요.

백성민 변호사 증인 우군칙은 앞으로 나와 주시지요.

우군칙의 이름이 불리자 방청석이 술렁거렸다. 어느 누구도 이번 사건의 또 하나의 장본인인 우군칙이 등장할 거라고 예상하지 못한 것 같았다. 숨어 지내야 할 그가 스스로 법정에 나선다니, 방청객 모두 자신의 귀를 의심했다. 이윽고 초췌한 모습의 한 사내가 방청객 틈을 헤집고 나와 증인석에 섰다. 몇몇 사람들은 반란자들이 이곳에 다 모였다며 기막혀 했고, 김조순은 부르르 떨며 분노했다. 반면 힘내라는 응원의 소리도 여기저기서 들려왔다.

우군칙　　나 우군칙은 신성한 한국사법정에서 추호의 거짓 없이 진실만을 말할 것을 맹세합니다.

백성민 변호사　　반갑습니다. 오시느라 수고하셨습니다. 태천의 명망가 서자로 태어나 마음고생이 많았지요? 지난 법정에서 증인에 대한 이야기도 있었습니다. 그래서 소개는 생략하도록 하고, 몇 가지 여쭙겠습니다. 솔직하게 대답해 주시기 바랍니다. 우선 피고 홍경래를 만나기 전에 무얼 하고 있었나요?

우군칙　　오랫동안 경전과 역사를 두루 공부해 왔지요. 물론 서자라는 신분적 한계는 나의 굴레가 될 수밖에 없었지만……. 그래서 풍수도 좀 익혔고, 홍삼 무역으로 돈도 좀 모았습니다. 어차피 글로 성공할 수는 없었으니까요. 그러다가 우연한 계기로 홍 장군을 만났지요. 그리고 그에게 나의 인생을 걸게 되었습니다.

백성민 변호사　　피고를 어디서 만났나요? 평안도 어느 절이라고 들었습니다만…….

우군칙　　1800년 어느 날이었지요. 가산에 있는 청룡사라는 절이

었어요. 세상을 이야기하던 홍 장군에게 적잖이 놀랐지요. 그는 지금까지 자신을 위해 칼을 잡던 무리들과는 달랐거든요. 그는 진정한 영웅이었소.

백성민 변호사　한 가지 더 묻겠습니다. 사실 이번 사건이 그렇게 단순한 일은 아니지 않습니까? 어떻게 봉기하게 되었나요? 그리고 누가 먼저 봉기를 제안했나요?

우군칙　누가 먼저 제안했느냐……. 이상하게 들릴지도 모르겠습니다만, 사실 누가 먼저라고 할 것도 없었습니다. 홍 장군은 나와 생각이 같았거든요. 나라는 썩어 갔고, 백성들은 죽어 가고 있었습니다. 하늘을 보면 한숨만 나왔지요. 이놈의 세상에서 부자는 더 잘살 수 있지만 백성들은 그렇지 못했어요. 땅을 잃고 땅 주인의 종이 되기 일쑤였고, 그러다가 끝내 거지 신세가 되어 빌어먹고 굶주리다가 죽음을 맞이하곤 했지요. 그래도 살아 보겠다고 관에 가 따져 보기도 했습니다. 너무한 것 아니냐고요. 사람은 살아야 되지 않겠느냐고요. 그러나 그때마다 우리에게 돌아온 것은 관아의 매타작뿐이었습니다. 우리에게 희망은 없었습니다. 그리고 희망이 보이지 않을 때 우리에게 두려울 것도 없었습니다.

"저 말이 맞네. 오죽하면 백성들이 칼과 창을 들었겠는가? 당시 정치가 문제는 문제였어."

우군칙의 진정 어린 증언 한마디에 방청객들의 마음이 움직이고 있었다. 칼과 창을 들었다는 것이 문제였지, 그 심정을 이해 못하는 것은 아니었기 때문이다.

김조순 무슨 소리요? 그래서 반역이 잘했다는 것이오? 우군칙! 당신의 말을 가만히 듣다 보니 반역이 마치 백성들을 위한 대단한 일이라도 된다는 듯이 말하고 있군. 판사님, 저런 말은 들을 가치도 없다고 판단됩니다. 제지해 주시기 바랍니다.

판사 가치가 있는지 없는지는 제가 판단합니다. 백 변호사, 계속

소론 박종일
암행어사로 유명한 박문수의 손자이기도 하지요.

마적
말을 타고 떼를 지어 다니는 도적들이에요. 청나라 말기에 만주 지역에서 많이 활동했지요.

신문하세요.

백성민 변호사   감사합니다. 그럼 증인께 계속 묻겠습니다. 증인은 그 반란이 성공할 거라 생각했습니까?

우군칙   물론 쉽지 않을 거라고는 생각했습니다. 하지만 그렇다고 포기할 수도 없었어요. 이미 우리의 결심은 굳어져 있었으니까요.

판사   그래도 무슨 전략이 있었을 것 아닙니까? 말씀해 보세요.

우군칙   한 가지 가능성을 생각하고 있었지요. 한양 공격이 성공한다면, 그래서 정치 세도가들을 몰아낼 수만 있다면 다른 세력들은 이익 계산을 할 거라고 보았습니다. 실제로 **소론 박종일**이 한양에서 내응키로 했었고, 유한순도 한양 선동을 위해 잠입하고 있었지요. 결과적으로는 모두 발각되고 말았지만요. 하지만 우리는 우리 나름대로 자신감을 갖고 있었습니다. 칼 쓰는 장수들을 깔보기도 하면서 궁궐을 지키는 군대도 해 볼 만하다고 생각했지요. 우리 군대도 제법 훈련을 해 두었고, 홍 장군이 교류해 둔 만주 **마적**들과도 연락하고 있었으니까요. 그리고 무엇보다도 전국의 백성들이 우리를 지지할 거라고 생각했습니다. 하지만······.

백성민 변호사   증인, 괜찮습니다. 편안하게 말씀해 주세요.

우군칙   하지만 결과적으로 그렇지 않았습니다. 농민들 모두가 우리를 지지한 것은 아니었으니까요. 아마 두려웠을 겁니다. 보복이 두려웠을 것이고, 앞으로의 삶이 두려웠을 겁니다.

"그래. 나도 이야기 들었네. 봉기와 함께 수많은 농민들이 홍경래를 따랐지. 그리고 또 홍경래를 떠났고 말이야. 왜 그랬을까?"

"양반네들이 조직한 의병군에 가담하려고 그랬겠지. 농민들에게 중요한 것은 배고픔 아니었겠는가. 심한 경우는 오히려 홍경래를 공격하기도 했다더군."

의병군
민간 차원에서 자발적으로 조직한 군대입니다. 홍경래가 봉기하자 이를 진압하기 위한 의병이 조직되었지요.

"그래, 우군칙 말마따나 보복도 두려웠을 거야. 그들에게는 가족도 있었을 테니까."

▶"결국 농민들을 하나로 묶을 만한 구체적인 방안이 없었던 거지."

백성민 변호사　마지막으로 한 가지만 더 묻겠습니다. 아주 중요한 질문입니다만, 이번 사건이 홍경래 개인의 권력 욕심에서 일어났다고 보십니까? 솔직하게 말씀해 주세요.

우군칙　그건 절대 아닙니다. 홍경래의 권력 욕심 때문이라니요? 그랬다면 우리는 아마 시작도 안 했을 것이오. 비록 우리가 조그마한 승산을 생각하고 있기는 했지만, 그래도 그 일은 계란으로 바위를 치는 것과 같은 일이었습니다. 결코 권력욕으로 시작할 수 있는 일이 아니었다는 말입니다. 세상은 바뀌어야 했습니다. 사람 사는 세상으로 말이지요. 저기 앉아 있는 김조순 대감, 그가 정치를 제대로 했더라면, 아니 나라님께서 정치를 제대로 했더라면 우리는 결코 그런 무모한 짓에 가담하지 않았을 겁니다.

"옳소! 맞아요! 김조순 대감, 저자가 잘못한 일이오."
"그래요, 홍경래는 죄가 없소!"

교과서에는

▶ 홍경래의 난은 지도자들이 농민층을 조직적으로 끌어들일 개혁안을 내놓지 못함으로써 결국 실패로 돌아갔습니다.

우군칙　거듭 말씀 드리지만 우리는 상을 바꿔야 한다고 생각했습니다. 물론 처음부터 그렇게 생각한 것은 아니었지만, 시간이 지나면서 우리는 모두 같은 생각을 갖게 되었습니다. '누군가는 반드시 해야 할 일이다. 우리가 앞에 서자! 우리가 쓰러진다고 해도 뜻이 있는 사람들이 우리의 뒤를 따를 것이고, 그러면 머지않아 좋은 세상이 열릴 것이다.' 이것은 홍 장군과 나, 그리고 우리를 지지했던 평안도 백성들 모두의 마음이었습니다. 우리는 절대 우리의 권력을 위해 일어났던 것이 아닙니다. 이 점을 분명히 하고 싶습니다.

백성민 변호사　　감사합니다. 솔직한 증언 정말 잘 들었습니다. 고생 많으셨습니다. 존경하는 판사님, 이야기 잘 들으셨지요? 사실이 이렇습니다. 그런데도 홍경래가 봉기한 이유를 권력욕 때문이라고 할 수 있을까요? 그는 역사를 만든 인물로 평가받아야 옳습니다. 아시지 않습니까? 홍경래와 같은 인물들의 노력으로 세상이 조금씩이나마 좋아졌다는 것을요. 지금과 같은 세상이 다 이런 과정을 거쳐 만들어진 것 아니겠습니까?

정주성 싸움

1811년 12월 25일, 관군과의 첫 싸움에서 홍경래의 봉기군은 기선을 제압했습니다. 홍총각이 병사 수백을 데리고 나와 관군을 급습하면서 초기 관군의 피해가 많았지요. 그러나 전열을 정비한 관군은 송림 전투에서 홍경래군을 물리쳤습니다. 이때부터 밀리기 시작한 홍경래군은 정주성으로 후퇴하게 되었습니다. 홍경래는 곡식 수십 석과 술 몇 항아리를 재워 두고 지원군이 올 것처럼 했다고 합니다. 물론 정주성이 관군에게 포위된 상황에서 지원군이 쉽게 올 수는 없었지만요. 그런데 이쯤 되자 관군에서 예상치 못한 문제가 생기기 시작했습니다. 한겨울 추위가 심한 서북 지역에서 차가운 땅바닥에 막사를 치고 버티며 전투를 벌이느라 관군의 사기가 떨어지기 시작한 것이지요. 그들은 이런 불만을 일반 민가에 들어가 횡포를 부리는 것으로 풀었습니다. 그러자 성 주변의 많은 농민들이 관군에 적개심을 품으며 정주성의 봉기군에 합류하게 되었지요. 그렇게 군사력이 증강된 봉기군은 약 3개월 반이 넘도록 농성을 계속할 수 있었습니다.

1812년 4월 19일 새벽, 조급해진 관군은 마지막 공격에 들어갔습니다. 정주성 밑에 땅굴을 파고, 거기에 1800근의 화약을 묻고 불을 붙였지요. 날이 샐 무렵 매설한 폭약이 터지면서 성벽의 일부가 무너졌습니다. 북장대 쪽에서는 검은 연기가 피어올랐습니다. 성 안으로의 진입에 성공한 관군은 사다리를 대고 성벽을 기어올라 총과 포를 쏘며 칼을 마구 휘둘렀지요. 이때 성

안에 있던 많은 사람이 사망했습니다. 홍경래도 이 진압 과정에서 살해되었지요. 서남쪽으로 내몰렸던 사람들도 거의 대부분 붙잡혔습니다. 이때 사로잡힌 사람의 수는 모두 2983명이었습니다. 이 중에서 10세 이하의 남아는 224명, 여아는 842명이었고, 이들을 제외한 장정 1917명 모두가 23일에 효수되었습니다. 물론 가혹한 처벌 문제로 훗날 진압군 지휘관의 문책이 이루어지게 되었지만요. 그렇게 약 5개월 동안 평안도 지역을 휩쓸었던 홍경래의 거사는 끝나고 말았습니다.

2

나라와 백성을 위한 반란은 정당한 것일까?

나정치 변호사　　여기 원고 김조순 대감이 권력을 갖고 있던 시절, 그렇습니다. 상황이 어려웠음을 인정합니다. 지난 심리에서도 다 밝혀졌듯이 정치는 비상 상황이었고, 백성들의 삶은 무너져 갔습니다. 그해 유독 심했던 가뭄과 삼정의 문란으로 인한 빈부 격차, 그리고 평안도에 대한 뿌리 깊은 차별까지 모두 인정합니다. 또 좋습니다. 힘겨워하는 백성들의 삶을 보고 참을 수 없었던 홍경래의 심정도 일부 이해하겠습니다. 하지만 그렇다고 해서 그가 일으킨 반란이 인정될 수 있겠습니까? 백성이 정부에 도전을 하다니요. 세상을 바꾸겠다고 칼과 창을 들다니요! 그것은 안 될 일입니다.

김조순　　나 변호사, 말 한번 잘했소. 아무리 그래도 그렇지. 백성이말이야. 감히 나라를 상대로 말이야. 이건 도대체 말이 안 되는 거야.

나라엔 말이지요. 기강이 있어요, 기강이!

마음이 다급해진 김조순, 흥분한 기색이 역력했다. 공정한 판사의 제지에도 불구하고 그는 자리에서 일어섰다 앉았다 하기를 반복하며 안절부절못하는 모습이었다.

나정치 변호사　　존경하는 판사님, 귀한 증인 한 분을 요청합니다. 이분이야말로 진실이 무엇인지 밝혀 주실 거라고 생각합니다.

판사　　좋습니다. 증인을 허락합니다.

나정치 변호사　　감사합니다. 임상옥 어르신, 나오셨습니까? 앞으로 나와 주시지요.

나정치 변호사의 말이 끝나자 한쪽 구석에서 재판 과정을 지켜보던 한 남자가 일어섰다. 잘생긴 외모에 풍채가 수려한 그는 의주를 거점으로 대청 무역을 하며 돈을 모았다는 의주 만상 임상옥이었다. 이내 그를 알아본 관중들로 장내가 소란스러워졌다.

"의주 만상 임상옥? **기지**를 발휘하여 북경 상인들의 **담합**을 깨고 인삼을 팔았다는 그분?"

"이번 사건이 대단하긴 한가 보군. 저분은 우리 경제계의 큰 어르신이 아니신가?"

기지
경우에 따라 재치 있게 대응하는 지혜를 말합니다. 비슷한 의미로 재치 또는 슬기가 있습니다.

담합
서로 의논하여 합의하는 것입니다. 경쟁 입찰의 경우, 참가자가 서로 의논하여 미리 입찰 가격을 정하는 것이지요.

나정치 변호사　　반갑습니다. 이곳에 하도 많은 사람들이 모이다 보니 어르신을 잘 모르는 이들도 있을 것 같습니다. 우선 자기소개를 좀 간단히 해 주시지요.

임상옥　　그러지요. 나는 임상옥이라 하오. 의주 만상 임상옥. 사람들은 나를 조선 최고의 거상으로 치더군요. 의주에서 태어나 거의 그곳에서 살았습니다. 그러니 나야말로 진짜 평안도 토박이라고 할 수 있지요. 주로 청나라와 인삼 무역을 하여 돈을 좀 벌었습니다.

나정치 변호사　　그 왜 유명한 일화 있지 않습니까? 그 이야기도 좀 해 주시지요.

임상옥　　아, 그 이야기요? 이거 뭐, 많이 알려진 이야기를 직접 하려니 조금 쑥스럽군요. 하하. 1821년이었나요? 북경 상인들이 우리 인삼을 거저 가지려고 농간을 벌인 적이 있었습니다. 그때 나는 그 인삼을 모두 불에 태우라고 지시했지요. 그러자 난리가 난 청나라 상인들이 쩔쩔매며 나에게 애걸했습니다. 그 귀한 인삼을 어찌 그럴 수 있냐면서요. 허허. 결국 나의 파격적인 결단 덕분에 기존의 인삼값보다 몇 배나 더 많은 돈을 받을 수 있었답니다. 지금도 그때를 생각해 보면 그런 강단이 어디서 나왔는지 신기할 뿐입니다. 사실 자칫하면 내 목숨보다 더 귀했던 인삼들을 전부 다 날릴 수도 있었거든요.

나정치 변호사　　네, 좋은 일도 많이 하셨다고 들었습니다. 그래서인가요? 백성들로부터 존경을 한 몸에 받으셨다지요.

임상옥　　좋은 일이오? 허허, 내가 사회 활동에 관심이 좀 있어서요.

뭐, 대단한 것은 아닙니다. 재산의 일부를 어려운 백성들에게 좀 썼을 뿐이지요. 그랬더니 벼슬을 내려 주시더군요. 물론 벼슬을 받자고 한 일이 아니었기에 사퇴한 바 있지만 1832년에 곽산 군수를 지냈고, 1834년에 의주 수재민을 구제한 공으로 이듬해 구성 부사로 발탁되었습니다. 나는 '재상평여수(財上平如水), 인중직사형(人中直似衡)'을 항상 마음속에 새기고 살았습니다. 이는 재물에 있어서는 물처럼 공평해야 하고, 사람에 있어서는 저울대처럼 바르고 정직해야 한다는 의미이지요. 나는 장사는 돈을 남기는 것이 아니라 사람을 남기는 것이라고 생각해 왔습니다.

"아, 소설 『상도』의 주인공! 그래, 예전에 드라마로 방송되기도 했잖아."

"어째 들어 본 이야기 같더라니, 저분이 그 어르신이었구면."

"존경받는 기업인, 바른 상도를 알려 주신 분이 바로 저분이었구나."

과욕을 다스리며 재물을 모아 많은 백성에게 존경을 받았던 임상옥이 증인으로 나오자 방청객들이 호감 어린 눈길로 그를 바라봤다. 사람들의 반응에 쑥스러운지 그는 너털웃음을 쳤다. 노신사 임상옥, 가히 그의 웃음 또한 일품이었다.

나정치 변호사   존경하는 판사님, 이 자리에 서 계신 분이 누구입니까? 바로 존경받는 임상옥 어르신입니다. 달리 무슨 설명이 더 필요하겠습니까? 이분이 왜 여기에 왔겠습니까? 자, 한번 물어보겠습니다. 증인, 홍경래가 난을 일으켰던 그때를 기억하시지요?

임상옥　　그럼요. 똑똑히 기억하고 있지요. 세상이 난리가 났었는데 내 어찌 그 일을 잊을 수 있겠습니까. 내가 잘 알고 있던 이희저가 거기에 가담했다고 들었습니다. 홍경래가 그 중심에 있다는 것도요. 이거 큰일이다 싶었지요. 이전부터 홍경래에게는 범상치 않은 기운이 있었거든요. 그는 나에게도 접근한 바 있었습니다. 내가 그때 한마디로 거절하긴 했지만 정말로 일을 도모할 줄은 몰랐습니다. 주변 사람들을 통해 그에게 늘 충고했건만 결국 일이 터지고 말더군요.

나정치 변호사　　그래서 어르신은 어떻게 하셨습니까? 보고만 있지는 않으셨을 텐데요.

임상옥　　당연히 앞장서서 반란을 막았지요. 그게 어디 될 일입니까? 나라에 반기를 들다니요. 나는 사비를 들여 의병을 조직해 관군을 도왔습니다. 나라의 백성으로서 당연한 일 아니었겠습니까? 홍경래가 저지른 것은 반역이었소. 반역!

나정치 변호사　　홍경래 측에서는 봉기할 수밖에 없는 상황이었다고 하는데요. 어르신은 이에 대해 어떻게 생각하시나요?

임상옥　　말도 안 되오. 그것은 정부에 대한 도전이었소. 불만이 좀 있다고 반역을 꾀하다니요. 상상할 수도 없는 일입니다. 김 대감 말대로 나라에는 기강이 있어야 해요!

"그렇지. 나라엔 기강이 있어야 하네, 기강이! 어찌 감히 나라님께

도전을 한단 말이오."

"나도 나라에 기강이 있어야 한다는 말에는 동의하오. 그러나 무엇을 위한 기강인지가 더 중요하다고 생각합니다. 원고 측이 주장하는 기강이라면……, 글쎄요."

"아니 그게 무슨 뜻이오?"

"백성을 위한 정치! 진정한 기강이란 거기에서 비롯되어야 한다는 말입니다."

나정치 변호사   잘하셨습니다. 증인, 한 가지만 더 여쭙겠습니다. 왜 다른 상인들은 홍경래를 지원했을까요? 그 원인이 어디에 있다고 생각하십니까?

임상옥   불만 때문이지요, 불만. 사실상 불만 있는 상인들이 주로 홍경래를 지원했어요. 이것저것 잘 안 되던 상인들이 이때다 싶어 기회를 도모했던 것이지요. 열심히 일할 생각들은 안 하고 말이오. 결국 패배자들이 꾸민 반란이 아니고 무엇이었겠습니까?

일할 생각이 없는 패배자들이 꾸민 반란이라는 임상옥의 거침없는 증언에 백성민 변호사의 인내심이 한계에 다다른 것 같았다. 계속 듣고 있을 수만은 없었는지 준비한 자료를 펴 들며 백성민 변호사가 자리에서 일어났다.

백성민 변호사   판사님, 늘 존경해 왔던 임상옥 어르신을 보니 저 또

판서

조선시대 육조(이, 호, 예, 병, 형, 공)의 으뜸 벼슬입니다.

한 영광입니다. 그런데 자료 준비를 하다 보니 몇 가지 의문점이 생기더군요. 신문의 기회를 허락해 주십시오.

판사　허락합니다. 신문하세요.

백성민 변호사　증인은 조선 경제계의 큰 인물이시지요? 사회 활동도 많이 해 후배 경제인들에게 귀감이 되고 있다고 알고 있습니다. 그래서 저 또한 늘 존경해 왔습니다.

임상옥　히히. 이거 과찬이오. 어찌 되었건 나를 좋게 봐주어 고맙구려.

백성민 변호사　그런데요, 증인께서는 어떻게 그렇게 많은 돈을 벌 수 있으셨는지요?

임상옥　내 이야기하지 않았소. 청나라와의 무역으로 돈을 좀 벌었다고요.

백성민 변호사　그렇다면 혹시 박종경 대감을 아시는지요?

임상옥　예, 압니다만……. 그런데 어찌하여 그것을 묻는 거요?

백성민 변호사　증인께서 정치권으로부터 특혜를 받았다는 소리가 있어서요. 청나라와의 인삼 무역권 말입니다. 이에 대해서 설명해 주실 수 있으신지요?

임상옥　어허, 그것을 어찌…….

판사　백성민 변호사, 박종경이 누구입니까? 그 사람과 증인이 무슨 사이라도 된다는 말인가요?

백성민 변호사　네, 판사님. 박종경 대감은 **판서** 박준원의 아들로 누이는 수빈 박씨, 즉 순조의 생모입니다. 그는 1800년 순조 즉위와 함께 판서 등의 요직에 앉게 되는데, 당시 김조순과 함께 권력의 중심에 있었지요. 증인과 박종경이 어떤 사이였느냐고요? 그것은 증인 임상옥에게 직접 들어 보겠습니다. 증인께서는 박종경 대감과 어떤 사이셨나요? 그를 통해 사업을 확대했다는 이야기가 있던데요.

임상옥   흠흠, 조금 당황스럽군요. 그러나 이렇게 된 이상 사실대로 말씀드리지요. 나 또한 그것이 큰 부담이었으니까요. 박종경 대감은 나의 은인이라 해도 과언이 아니지요. 1807년에 박종경 대감의 부친상이 있었을 때 그분에게 큰돈을 부조한 일이 있습니다. 사실상 로비성이 있었지요. 내 사업을 잘 봐달라는 뜻이었으니까요. 옳지 않은 행동이었다는 것은 나도 알고 있습니다. 하지만 그때만 하더라도 나는 의욕이 넘치는 젊은 사업가일 뿐이었습니다. 이후 재산의 일부를 좋은 일에 쓰려고 했던 것은 어쩌면 나의 부끄러웠던 지난날을 반성하고자 하는 마음에서 비롯되었는지도 모르겠네요.

백성민 변호사   증인, 박종경이 어떤 인물인지 아시지요? 김조순과 함께 세도 정치의 중심에 있던 사람입니다. 백성들의 어려움을 책임져야 할 사람 중의 하나가 바로 박종경 대감이었습니다.

"이게 무슨 소리야? 그렇게나 존경받던 임상옥 어르신께서 정치 거래에 가담했다니?"

"박종경이라 하면 세도 정치 시기에 김조순과 함께 전횡을 일삼았다고 했던……."

"쉿! 함부로 말하지 말게. 박종경 대감이 전횡을 일삼았는지 아닌지는 모를 일이네."

"모르긴 뭘 모르나? 뻔한 것 아닌가. 지난번 홍경래의 격문에도 쓰여 있지 않던가. 나이 어린 임금이 위에 있어 권신들의 간악한 짓이 날이 갈수록 심해지고 김조순, 박종경의 무리가 국가 권력을 제멋대로 한다고 말이오."

"그래도 확인되지 않은 사실을 그렇게 단정 지을 수는 없네."

나정치 변호사　이의 있습니다, 판사님. 박종경에 관한 이야기는 본 사건과 무관합니다.

판사　일부 인정합니다. 백 변호사는 본 사건과 관련된 내용만 신문해 주세요.

백성민 변호사　알겠습니다, 판사님. 다만 임상옥 증인의 의병 조직이 어떻게 시작되었는지를 묻다 보니 이야기하지 않을 수 없었습니다. 그럼 계속해서…….

임상옥　아닙니다. 다 말씀드리지요. 박종경 대감은 나를 믿고 있었습니다. 나는 그 믿음 속에서 기회를 살렸고요. 백성민 변호사 말대로 나는 인삼 독점 무역이라는 특혜를 얻었습니다. 그러던 때에 홍경래가 난을 일으켰지요. 그의 격문을 보니 김조순, 박종경 무리를 쫓아내겠다고 쓰여 있었습니다. 감히 김조순, 박종경 대감을? 이건 아니다 싶었지요. 그래서 의병을 일으켰습니다. 의주 지역에서요. 박종경 대감은 우리 의주 만상과 각별한 사이였으니까요.

백성민 변호사   홍경래 진압을 위해 일으켰다는 의병은 결국 후원자 박종경 대감을 지키기 위함이었군요. 나아가서는 증인의 무궁한 사업 번창을 위한 길이기도 했고요. 그렇지요?

임상옥   꼭 그것 때문만은 아니었소! 나는 무력시위 자체를 반대하는 사람으로서 어떠한 반란도 정당화될 수 없다고 생각합니다. 나라에 반기를 들다니, 그것은 있을 수 없는 일입니다.

김조순   옳소! 반란을 마치 대단한 일이라도 되는 것처럼 확대 해석하다니?! 결코 있을 수 없는 일이오. 홍경래의 잘못을 가려내어 반드시 **일벌백계**해야 합니다.

나정치 변호사   그렇습니다, 판사님. 결국 홍경래의 난은 있을 수 없는 반란 사건일 뿐입니다. 피고는 지금 자신의 명분을 만들고 있지만, 결국 정권 탈취를 위해 백성들을 이용했을 뿐이에요. 피고의 죄를 물어 주시기 바랍니다.

백성민 변호사   판사님. 지난 심리에서도 말씀드렸지만 홍경래가 개인의 영광을 위해 봉기했습니까? 아닙니다. 당시 세상은 잘못되어 있었고, 어떻게든 고쳐야 했습니다. 그것은 홍경래를 포함한 조선 백성 모두의 마음이었습니다. 시대의 죄를 홍경래에게 물을 수는 없습니다. 이 사건의 책임은 백성들을 돌보지 않았던 정치인들에게 있으니까요. 바로 원고 김조순! 그가 책임져야 할 일입니다.

한 치의 양보도 없는 양측 변호사의 팽팽한 논쟁으로 법정 안은 긴장감이 고조되었다. 인내심의 한계에 도달한 김조순은 자리를 박차며 격분하여 판사의 경고를 받았다.

백성민 변호사   존경하는 판사님, 저희도 증인을 요청합니다. 이분께서 이번 사건을 확실하게 정리해 줄 거라고 봅니다.

판사   좋습니다. 증인 들어오세요.

백성민 변호사   감사합니다. 전봉준 장군, 나오시지요.

전봉준이 당당한 걸음으로 나와 선서를 하고 증인석에 앉았다.

일벌백계
한 사람을 벌주어 백 사람을 경계한다는 뜻입니다. 즉 다른 사람들에게 경각심을 일깨워 주기 위해 본보기로 한 사람에게 엄한 벌을 내리는 것을 말하지요.

백성민 변호사 반갑습니다. 여러분 모두 녹두 장군 전봉준을 아실 거라고 생각합니다. ▶갑오년인 1894년에 일어난 동학 농민 운동을 이야기할 때 빼놓을 수 없는 분이 바로 전봉준 장군이지요. 우선 전봉준 장군이 오늘 이 자리에 어떻게 나오게 되었는지, 장군의 심정을 직접 들어 보겠습니다.

동학 농민 운동을 주도했던 전봉준

전봉준 안녕하시오. 전봉준입니다. 오늘 이 자리는 내가 자청해서 나왔습니다. 1894년에 동학 농민 운동을 주도하며 그해 1월에 고부에서 봉기한 이래, 나는 나 자신보다는 세상의 '의'를 위해 살았다고 자부합니다. 비록 나 또한 국법에 의해 참수되었지만 말이오. 우연히 홍경래 선배의 재판 이야기를 들었습니다. 억울한 소송에 휘말리셨다고 하더군요. 내가 할 말이 있겠구나 싶어서 이 자리에 서게 되었습니다.

참수
목이 베어지는 것을 말합니다.

백성민 변호사 무슨 할 말이 있다는 건가요? 말씀해 보시지요.

전봉준 반역, 반역! 우리를 반역자로만 매도한다고 들었습니다. 억울한 이야기입니다. 고통의 연속인 백성들의 삶, 아무리 노력해도 입에 풀칠조차 어려운 세상을 살아 보지 않은 사람들은 말하지 마시오. 누군가 나설 수밖에 없었단

교과서에는

▶ 전라도 지방의 고부 군수 조병갑은 온갖 부정을 저지르며 농민들을 괴롭혔습니다. 이에 전봉준은 농민들을 이끌고 관아를 공격하여 곡식 창고를 풀어 농민에게 나누어 주었지요. 이를 고부 농민 봉기라고 하며, 동학 농민 운동의 시작으로 봅니다.

말입니다! 홍 장군은 시대가 낳은 인물이에요. 역사 속에서 평가되어야 할 인물이란 말입니다.

백성민 변호사 증인, 역사 속에서 평가받아야 한다니요? 그게 무슨 뜻이지요?

전봉준 우리의 행동은 역사적으로 의미가 있습니다. 그때는 인정받지 못했어도 말이오. 실제로 나의 경우에는 큰 수확이 있었지요. 그해 신분제가 공식적으로 폐지되었으니까요. 그러니 우리가 세상을 좋게 만든 것 아니겠소?

백성민 변호사 그래서요?

전봉준 이번 사건도 마찬가지라고 생각합니다. 아시지 않습니까? ▶홍경래의 난 이후에 수많은 민란이 전국적으로 계속된 것을 보면요. 보다 나은 세상을 원했던 홍 장군의 정신이 시대와 함께 이어져 왔던 것입니다. 오늘날과 같은 좋은 세상도 이렇게 이어져 온 것이 아니겠습니까? 홍 장군은 역사를 발전시킨 인물 중의 한 사람인 것입니다.

교과서에는

▶ 홍경래의 난은 실패로 끝났으나 그 영향으로 이후 전국 각지에서 농민 봉기가 잇달아 일어났습니다. 특히 진주 지역을 시작으로 북쪽의 함흥에서부터 남쪽의 제주에 이르기까지 전국에 걸쳐 봉기가 일어났는데 이를 흔히 임술 농민 봉기(1862)라고 부릅니다.

"그거 듣다 보니 맞는 말이구먼. 이번 사건의 경우도 의미가 있었구먼."

"그래, 나도 그렇게 생각하네. 비록 홍경래의 봉기는 실패했지만 말이네."

"우리가 이렇게 좋은 세상에 살고 있는 것도 다 저분들이 있었기 때문이 아니겠는가."

"그래, 전 장군 말마따나 홍경래의 난은 역사 속에서 평가되는 것이 옳겠어."

백성민 변호사 만약 역사 속에 이들과 같은 사람이 없었다면 지금 우리는 어떻게 살고 있을까요? 생각만 해도 아찔하네요. 홍경래와 전봉준 같은 이들이 있었기에 역사가 발전할 수 있었다는 의미를 조금은 알 것 같습니다. 그렇다면 홍경래의 봉기를 어떻게 보아야 할까요? 존경하는 판사님, 그의 행동은 의로운 일이었습니다. 결코 단순한 반란으로 치부할 일이 아니라고 판단됩니다. 물론 기득권 세력이었던 원고의 입장에서는 반란이요, 도전이었겠지만 우리 백성들의 편에서 본다면 그것은 역사의 발전, 또 그것을 위한 시도가 아니었을까요? 홍경래는 역사적 인물로 평가되어야 마땅합니다. 판사님, 이 점 판결에 참고해 주시길 부탁드립니다.

전봉준 판사님, 그리고 방청객 여러분! 우리는 결코 우리 자신을 위해 일어났던 것이 아닙니다. 그것은 여기 있는 홍 장군도 마찬가지일 거라고 생각합니다. 내가 비록 홍 장군보다 더 후대의 사람이지만 그 심정을 모르는 바가 아닙니다. 우리는 무기도 없었고, 체계적인 훈련을 받은 것도 아니었습니다. 어쩌면 우리는 애초부터 정부군과 상대조차 될 수 없는 존재들이었는지도 모릅니다. 그런데 오죽했으면 평생 땅만 일구던 우리가 칼과 창을 들었겠습니까?

판사 계속 말씀하시지요.

전봉준 우리에게는 두 가지 마음이 있었습니다. 하나는 이리 사나 저리 사나 죽는 것은 매한가지니 차라리 할 말을 다 하고 죽자는 마음이었고, 다른 하나는 이렇게는 못 살겠으니 어떻게든 이 세상을 고치고야 말겠다는 마음이었지요. 분명 그 심정은 저기 앉아 있는 홍경래 장군도 마찬가지였을 것입니다. 존경하는 판사님, 우리의 진정성이 역사라는 큰 물결 속에서 올바로 평가되기를 바라는 마음뿐입니다.

백성민 변호사   존경하는 판사님, 그리고 역사공화국의 시민 여러분! 아직도 홍경래의 봉기를 반역이나 반란으로 생각하시나요? 우리는 지금까지 동학 농민 운동의 지도자 중 한 사람이었던 증인 전봉준의 이야기를 들었습니다. 증인께서 무엇이라 했습니까? 네, 그렇습니다. 홍경래나 전봉준, 그들은 모두 의를 위해 봉기했다고 했습니다. 결코 자신의 영광을 위해 봉기한 것이 아니라고 말입니다. 나라와 백성을 위해 반기를 들 수밖에 없었던 당시 피고의 심정이 전 장군의 진심 어린 증언과 함께 여러분에게도 전해졌기를 바랍니다. 감사합니다.

판사   네, 오늘 마지막 심리에서 중요한 점들이 밝혀진 것 같습니다. 특히 긴 역사의 흐름 속에서 이번 사건을 평가해야 한다는 피고 측의 의미 있는 증언 잘 들었습니다. 단순하게 생각할 일이 아닌 것 같군요. 여러분들은 어떻게 보셨습니까? 그러면 20분 후에 양측은 각자의 의견을 요약해서 최후 진술을 해 주시기 바랍니다. 이상으로 이번 재판을 모두 마치겠습니다. 땅, 땅, 땅!

1862년 임술 농민 봉기

　임술년인 1862년은 홍경래의 난 이후 계속되던 민란이 전국적으로 번진 때입니다. 특히 환곡의 문란과 관리들의 포학 등이 극에 달하고 있었지요. 홍경래의 난 이후에도 문제는 해결되지 않았던 모양입니다.

　경상도 진주 단성을 시작으로 임술 농민 봉기가 일어났습니다. 그리고 그해 말까지 서른일곱 차례에 걸친 민란이 기록되었지요. 특히 성주, 상주, 거창, 창원에서는 두 차례에 걸쳐 민란이 발생했습니다. 제주에서는 세 차례나 일어났고요. 가히 전국적인 민란의 해라고 말해도 과언이 아닐 정도였습니다.

　민란은 대부분 농민들이 주도했습니다. 관아를 습격해서 장부를 불태우고, 곡식과 재산을 몰수했지요. 이에 정부는 난을 수습하기 위해 안핵사나 선무사를 파견했습니다. 그런데 오히려 이들로 인해 민란이 더욱 커지기도 했습니다. 왜냐고요? 탐관오리를 벌하고 민심을 달래야 할 이들이 오히려 민란의 주모자를 처벌하고자 했기 때문이지요.

　정부는 전국적으로 발생한 민란의 원인이 삼정의 문란에 있다고 보았습니다. 그래서 삼정을 바로잡기 위한 '삼정 이정청'을 설치하며 여러 개혁안을 내놓았지요. 그러나 근본적인 해결책이 될 수 없었습니다. 민란의 원인은 토지 문제와 같은 보다 구조적인 측면에 있었지요. 이 문제를 해결하는 데 조정은 큰 한계를 갖고 있었고, 이 과정에서 농민들의 의식은 크게 성장했습니다. 그들은 사회·경제적 측면에서 보다 근본적인 개혁을 요구하게 되었지요.

다알지 기자

　안녕하십니까? 다알지 기자입니다. 오늘도 저는 재판 현장에 나와 있습니다. 오늘은 김조순과 홍경래의 마지막 재판이 있었습니다. "홍경래는 사과하라!", "김조순은 각성하라!" 여러분, 들리시지요? 시민들의 응원 소리가 대단합니다. 그동안 양측 모두 진실을 밝히기 위해 최선을 다했는데요. 이제 원고와 피고의 최후 진술과 최종 판결만을 남겨 둔 상태입니다. 아마 나정치 변호사와 백성민 변호사도 당사자들만큼이나 마음고생이 심했을 텐데요. 최종 심리를 마친 두 분의 심정을 들어 보겠습니다.

나정치 변호사

　안녕하십니까, 시민 여러분. 이번 심리로 홍경래의 폭력성을 만천하에 알렸습니다. 그는 정당한 절차도 없이 칼과 창을 들어 정부에 도전했지요. 이건 뭐, 사사로운 시위 정도가 아니었습니다. 사는 게 좀 힘들기로서니 백성들을 꾀어 난을 벌인다는 게 말이나 됩니까? 이런 반란이 정당화되면 앞으로 이 사회가 어찌 되겠습니까? 이번 사건은 홍경래의 권력 욕심에서 일어난 정치적 사건으로서 반역에 해당합니다. 있을 수도 없고, 있어서도 안 되는 일이지요. 물론 역사적인 측면에서 홍경래를 평가해야 한다는 피고 측의 주장도 어느 정도 설득력은 있습니다. 그러나 여러분! 어떠한 경우에도 반란은 정당화될 수 없다는 점을 명심하기 바랍니다. 마지막으로 내가 늘 존경해 왔던 나의 동기이자 오랜 친구, 백성민 변호사에게도 수고했다는 말을 전하고 싶네요. 감사합니다.

백성민 변호사

존경하는 역사공화국의 시민 여러분! 홍경래 장군은 역사 속에서 평가되어야 할 인물입니다. 부정과 불공평을 걷어 내고 좋은 세상을 만들고자 했던 수많은 사람들의 노력과 함께 말입니다. 우리가 지금과 같은 세상에 살 수 있는 것은 피고와 같은 사람들의 노력이 있었기에 가능한 일이니까요. 그렇지 않습니까, 여러분? 그러나 원고 측은 여전히 그를 반역자로 몰고 있으며, 의를 위해 일으킨 봉기를 패배자들이 꾸민 반란이었다고 말합니다. 여러분! 그 당시 정부는 어떻게 정치하고 있었나요? 아시다시피 백성들의 삶은 비극 그 자체였습니다. 홍경래는 누군가 나서야 할 일을 자처했던 용기 있는 사람일 뿐입니다. 이번 심리를 통해 피고 홍경래 장군과 우리의 진정성이 많은 사람에게 전해졌다고 생각합니다. 감사합니다. 끝으로 원고 측 변호를 맡은 나정치 변호사! 나의 오랜 친구인 그에게도 고생했다는 말을 전합니다.

왜 홍경래는 난을 일으켰을까?

홍경래는 천하의 역적이오

vs

귀천이 따로 없는 세상을 만들고 싶었소

판사   세 차례의 심리 공판을 통해 많은 것을 생각할 수 있었습니다. 판결에 앞서 원고 김조순과 피고 홍경래는 최후의 진술을 해 주시기 바랍니다. 원고 먼저 진술해 주시고, 그다음에 피고의 진술을 듣겠습니다.

김조순   1811년 12월 18일, 평안도 가산에서 홍경래가 봉기했습니다. 그는 평안도 지역이 차별받고 있다며 인근 백성들을 꾀었습니다. 그 결과 영세 농민, 중소 상인, 광산 노동자 등 수많은 백성이 여기에 가담했지요. 순식간에 여덟 개 군현 등 청천강 이북 지역이 점령됐습니다. 그런데 그들의 격문을 보니 가관이 아닐 수 없었습니다. 글쎄 간신배가 세를 떨치고, 세도 정치의 중심에 있는 나 김조순이 국가 권력을 가지고 놀았다지 뭡니까? 자신은 의로운 깃발을 들었다면서요. 도대체 내가 무얼 잘못했습니까? 왜 가만히 있는 나를 걸고넘어지는 겁니까?

네, 그렇습니다. 당시 우리 안동 김씨 가문의 몇몇 사람이 중요한 일을 좀 한 것은 사실입니다. 그러나 당시는 비상 상황이었어요. 나는 왕의 장인으로서 순조 임금을 보필해야 하는 막중한 임무가 있었지요. 그것은 선왕 정조 대왕의 부탁이기도 했으니까요. 그래도 우리 가문의 노력으로 인해 세상이 조금은 좋아지고 있었다고 생각합니다. 이앙법 덕분에 쌀 생산량이 이전보다 증가했어요. 도시도 발달했고, 상거래와 무역도 활발해졌지요. 물론 백성들의 실질적인 삶이 어려웠다는 점에 대해서는 정말로 죄송스럽게 생각합니다. 하지만 평안도만 그랬던 것은 아닙니다. 전국적으로 다 어려웠지요. 관리들의 부정도 많았고, 농민들의 수탈 보고도 많이 받았습니다. 그래서 나는 암행어사를 파견하는 등 나름대로 대책을 마련하느라고 고심했던 것 아니겠습니까? 하지만 전정, 군정, 환곡, 이른바 삼정의 문란 앞에서는 나도 어쩔 수가 없었습니다. 이 부분은 뭐라고 드릴 말씀이 없네요. 나도 심리가 진행되는 동안 많은 생각을 했습니다.

그렇다고 해서 홍경래의 난이 정당화될 수는 없다고 생각합니다. 그것은 홍경래의 권력 욕심이 낳은 평안도만의 반란 사건일 뿐, 그 이상의 것은 아니기 때문입니다. 어떠한 경우에도 반란 사건은 인정될 수 없습니다. 일벌백계해야 마땅하지요. 그런데 홍경래는 반성은 커녕 명분 쌓기에만 급급하더군요. 뭐라고요? 좋은 세상을 만들고자 했다고요? 역사 속에서 평가받아야 한다고요? 무슨 말인지는 알겠으나, 어떠한 경우에도 진실이 왜곡되어서는 안 된다고 생각합니다. 이에 나 김조순은 실추된 우리 가문의 명예가 회복되기를 바라며, 지금까지 받아 온 정신적 피해에 상응하는 금전적 배상과 함께 홍경래의 진심 어린 사과를 요구합니다.

　마지막으로 나라의 안녕을 지켜야 했던 내 입장을 이해하고 호의를 베풀어 주신 역사공화국의 시민 여러분에게 감사의 말씀을 드립니다. 그리고 나정치 변호사! 재판을 준비하면서 미운 정 고운 정이 많이 든 것 같습니다. 내가 흥분을 많이 하는 성격은 아닌데, 나도 모르게 격해질 때가 있었습니다. 그것까지도 잘 받아 주어 고맙습니다. 또 먼 길까지 달려와 증언해 주셨던 분들에게도 감사의 뜻을 전하며, 현명한 판결이 내려지길 바랍니다.

판사　말씀 잘 들었습니다. 다음은 피고 측 최후 진술 해 주시지요.

홍경래　우리에게는 꿈이 있었습니다. 귀천이 따로 없는 세상, 차별 없는 세상에서 살게 되는 아주 행복한 꿈이었지요. 그러나 그 꿈을 이루고자 했던 우리의 계획은 결국 무너지고야 말았습니다. 1812년 4월 19일 정주성에서 말이지요. 추운 겨울이었던 1811년 12월 18일, 다복동에서 봉기한 지 4개월 만의 일이었네요. 관군 앞에서 우리는 상대가 안 되었습니다. 비록 봉기 초반에는 여덟 개 지역을 점령하며 기세를 올리기도 했지만 말이지요. 잘 훈련된 정부군이 투입되면서 우리는 밀리기 시작했습니다. 청천강을 건너온 1000여 명의 관군을 도저히 당해 낼 수가 없었습니다. 결국 우리는 1811년 12월 29일에 송림에서 패했습니다. 뼈아픈 전투였지요.

하지만 우리는 포기하지 않았고, 비상시 농성 장소로 정해 두었던 정주성으로 들어갔습니다. 왜 그랬을까요? 왜 우리는 정주성에 들어 갔을까요? 왜 끝까지 저항하려고 했을까요? 네, 꿈이 있었기 때문입니다. 우리가 힘을 합치면 좋은 세상을 만들 수 있을 것 같았습니다. 모두가 행복한 세상 말이지요. 그러나 4월 19일, 또다시 우리의 꿈을 짓밟는 정부군의 무자비한 진압이 시작되었습니다. 날이 샐 무렵 꽝하는 소리와 함께 정주성 북장대에서 검은 연기가 올랐지요. 그리고 성벽이 무너졌습니다. 총과 포를 쏘며 관군이 들이닥치기 시작했습니다. 그들은 닥치는 대로 칼을 휘둘렀습니다. 이때 죽거나 도망간 사람들을 제외하고, 붙잡혀 들어간 사람만 2983명이었습니다. 이 중에서 10세 이하 어린이를 제외한 1917명은 진압군에 의해 효수되었지요.

내가 권력을 위해 평안도민을 꾀어냈다고요? 영세 농민, 중소 상인, 광산 노동자 등 패배자들이 꾸민 사건이라고요? 참으로 억울할 뿐입니다. 우리는 순박한 백성들이었습니다. 그동안 힘들어도 힘들다고 말 한번 하지 않던 약자들이었습니다. 그런 우리들이 오죽했으면 들고 일어섰겠습니까? 우리는 단지 더 좋은 세상을 만들고자 했을 뿐입니다. 이후 우리와 뜻이 같았던 사람들에 의해 여기저기서 많은 민란이 발생했다고 들었습니다. 특히 1862년에는 전국적으로 봉기가 일어났다고 하더군요. 그래서 어떻게 되었습니까? 이후 더 좋은 세상으로 나아가지 않았습니까? 그러니 더 이상 우리를 반역자로 몰지 마십시오. 우리는 역사 속에서 제대로 평가받기를 원합니다.

존경하는 판사님, 그리고 역사공화국 시민 여러분! 우리는 항상 꿈을 간직해야 합니다. 못다 이룬 꿈이 있다면 그것은 다른 누군가에 의해서라도 계속되어야 할 것입니다. 나는 그 꿈이 역사를 만들어 간다고 생각합니다. 지금까지 내 이야기에 귀 기울여 주셔서 감사합니다. 재판 결과는 겸허히 받아들이겠습니다. 언제나 그 이름처럼 우리 백성들의 편에서 힘써 주신 백성민 변호사에게 어떻게 보답해야 할지 모르겠네요. 수고 많았습니다. 그리고 나를 위해 증언해 주신 정약용 어르신, 그리고 나의 영원한 동지 우군칙 군과 전봉준 장군에게도 감사를 드립니다. 모두가 나에게 큰 힘이 되었습니다. 희망의 메시지와 함께 아낌없는 응원을 보내 주신 시민 여러분께도 깊은 감사를 드립니다. 감사합니다.

판사 두 분 모두 수고하셨습니다. 잘 들었습니다. 여러분, 어떻게 보셨는지요? 이번 사건은 중요한 사건이니만큼 좀 더 신중해야 할 것 같습니다. 이제까지의 모든 증언과 자료를 충분히 검토한 후에 최종 판결을 내리도록 하겠습니다. 땅, 땅, 땅!

역사공화국 한국사법정 재판 번호 43 김조순 vs 홍경래

주문

역사공화국 한국사법정은 김조순이 홍경래를 상대로 제기한 명예 훼손 및 정신적 피해에 대한 금전적 손해 배상 청구를 기가한다.

판결 이유

원고 김조순은 과거에 낙방한 홍경래가 개인적 권력 욕심을 채우기 위해 백성들을 꾀어 반란을 일으킨 것이라고 주장했다. 홍경래의 말대로 당시의 정치가 문제였다면 전국적으로 봉기가 일어났어야 하는데 이 사건은 평안도 지역을 중심으로 일어났기 때문에 홍경래가 반역을 꾀했다는 것이다.

그러나 세 차례의 심리 결과 왜 홍경래가 난을 일으켰는지가 밝혀졌다. 당시 백성들의 삶은 형편없이 무너지고 있었는데 정치권은 이에 소극적이었다. 원고의 주장처럼 그의 정치로 인해 국가의 여러 분야가 성장했음은 인정되지만 대다수 백성들의 생활을 개선하는 데까지 확대되지는 않았다고 보인다. 더불어 안동 김씨 세도 정치 하에서 백성들의 삶이 나아질 거라는 기대는 하기 힘들었을 것으로 판단된다. 당시 관의 기강은 무너졌고, 삼정의 문란도 심했다. 정부를 상대로 벌인 농민들의 시위도 소용없을 정도의 상황이었으므로 피고 홍경래의 심정이 이해되는 동시에, 세도 정치의 중심에 있었던 김조순에게 간접적인 책임이 있다고 본다.

또한 실제 평안도 지역에 대한 차별이 있었음이 인정되므로, 피고가 자기 권력을 지향해 반란을 일으켰다는 원고의 주장에는 논리적 근거가 부족하다고 본다. 절대 다수인 백성들의 입장에서 봤을 때 이 사건은 차별 없는 세상, 공평한 세상을 위한 역사적인 행동이었다고 보며, 이 점에서 홍경래는 역사적 인물로 조명될 수 있음을 인정한다. 따라서 피고 홍경래는 원고 김조순의 명예를 훼손했다고 보기 어려움과 동시에 원고가 청구한 정신적 피해에 대한 금전적 손해 배상의 의무도 없다고 본다. 그러나 화합의 측면에서 원고와 피고, 상호 간의 사과 정도는 뒤따라야 할 것이다.

한편, 관군의 1811년 4월 19일 정주성 진압 작전은 강압적이었고, 백성 1917명에 대한 처형도 있어서는 안 될 비극적인 일이었다고 판단된다. 역사 속에서 이런 일이 두 번 다시 있어서는 안 될 것이며, 이를 위해 모든 정치 담당자들은 역사 속에서 교훈을 얻고 항상 성찰해 주기를 당부한다. 마지막으로 본 법정에서는 원고 김조순의 청구를 기각하였으나, 그렇다고 정치적 봉기가 언제나 인정될 수 있는 것은 아니라는 점을 동시에 밝혀 두고자 한다.

역사공화국 한국사법정 담당 판사 공정한

"차별 없는 세상, 함께 만들어 나갑시다!"

"백성민 변호사! 수고했어요. 이게 다 백 변호사 덕분입니다."

"우리가 이겼다는 사실이 아직도 믿기지 않는군요. 고맙습니다. 백 변호사."

"아닙니다. 홍 장군님의 진정성이 통했던 것이지요. 장군님도 어려운 일을 잘 해내셨습니다. 여러분께서도 증언을 잘해 주셨기 때문에 좋은 결과가 있었던 것 같습니다."

이곳은 백성민 변호사의 방. 낡은 건물에 오래된 책상 몇 개가 전부인 초라한 사무실. 그러나 오늘만큼은 그의 사무실이 초라해 보이지 않았다. 밤늦도록 파티가 한창이었기 때문이다. 백성민 변호사의 초대를 받은 홍경래와 증인으로 섰던 우군칙, 전봉준, 그리고 함께 봉기에 참여했던 이희저, 김창시, 홍총각, 이제초, 김사용은 사무실

바닥에 옹기종기 둘러앉아 이야기꽃을 피웠다. 불판 위에는 삼겹살이 지글지글 소리를 내며 보기 좋게 익어 가고 있었다. 실로 오랜만에 옛 동지들이 한자리에 모여 그들이 최고로 치던 음식인 삼겹살을 주고받으며 승소의 기쁨을 나눴다.

"사실 1차 심리 때, 아차 싶었습니다. 순조 임금이 증인으로 나왔을 때 말이에요. '이거 시작부터 졌구나.' 했지요. 어디 전하께서 직접 나올 거라 생각이나 할 수 있었겠습니까?"

"허허, 맞아요. 저도 많이 놀랐지요. 다행히 정약용 어르신께서 당시 우리들 이야기를 잘해 주시는 바람에 그나마 유리하게 끝났던 것 같아요."

"맞아요. 1차 심리 때 정약용 어르신의 도움이 컸습니다. 그런데 오늘은 안 오셨나요?"

"글쎄 말이오. 무슨 일이 그리 바쁘신지 기한 내에 꼭 써야 할 책이 있으시다는군요. 저술 활동에 대한 어르신의 열정은 정말 대단해요. 마음만은 꼭 함께하겠다고 하셨습니다."

홍경래와 백성민 변호사, 그리고 오랜만에 한자리에 모인 동지들은 지난 재판 이야기로 시간 가는 줄 몰랐다.

"상대가 나는 새도 떨어뜨린다 했던 김조순 아니었소? 소송이 걸렸다는 소리를 듣는 순간 다 끝났구나 싶었지. 지푸라기라도 잡겠다는 심정으로 이 사무실을 찾았었는데, 오늘 같은 날이 올 줄이야."

그들에게 지난 재판 이야기는 모두가 추억일 수밖에 없었다.

"2차 심리 때 나정치 변호사 생각나요? 그가 준비해 온 증거 자료들 말이오."

"생각 안 날 리가 있소? 정말 대단했지요. 어떻게 그렇게 꼼꼼하게 준비를 했는지."

"글쎄 말입니다. 우리들 이야기를 지도 하나로 설명할 때 정말 놀랐어요. 어디 그것뿐이었습니까? 어디서 구했는지 홍 장군이 어릴 적에 썼다는 시도 그렇고, 당시의 격문도 그렇고요. 우리들 사진도 다 구해 왔지 않습니까? 나도 처음 보는 사진이었는데 말이오. 정말 놀랐습니다."

"김익순 대감이 증언할 때도 아찔했지요. 그때 법정 분위기가 완전히 넘어갔으니까요."

"맞아요. 그 분위기를 나 우군칙이 가져왔지 않습니까? 그리고 저쪽에서 거, 누구더라? 그래! 임상옥 어른이 또 가져갔고요. 그분이 워낙 덕망 있는 분인지라……."

"그리고 마지막에 여기 전봉준 장군이 분위기를 우리 쪽으로 가져왔고 말이지요. 전 장군 공이 큽니다."

"아닙니다. 저는 그저 선배님들의 마음을 미루어 짐작해서 이야기했을 뿐입니다."

분위기가 점점 무르익어 가는 가운데, 똑똑똑! 누군가 사무실 문을 두드리는 소리가 들렸다. 이렇게 늦은 밤에 누가 찾아온 걸까? 이때 문이 열리고 한 남자가 들어왔다. 나정치 변호사였다. 잘 차려입은 그의 한 손에는 커다란 케이크가 들려 있었다. 여기에는 무슨 일로 왔을까? 이때 백성민 변호사가 달려 나가 그를 반겼다.

"어서 오게. 나정치 변호사! 그렇잖아도 이제 막 삼겹살이 익기 시작했네."

"내가 방해한 것은 아닌지 모르겠네. 자네에게 할 말이 있어 왔네. 들어가도 되겠나?"

어릴 적부터 함께 자라 온 친구의 방문에 백성민 변호사는 반가운 모양이었다. 그러나 그런 백성민 변호사와는 달리 홍경래는 별로 그를 반기고 싶지 않았다.

"들어오겠다고? 지난 법정에서 나를 못 잡아 안달이었던 저자가 무슨 낯으로 이곳에 와?"

"안녕하세요, 여러분. 나정치입니다. 갑자기 찾아와서 미안합니다. 백 변호사에게 할 말이 있어서요. 그리고 여러분에게도……."

"미안하기는 이 사람아. 일단 앉아서 천천히 이야기해 보게."

못마땅했지만 나정치 변호사를 반기는 백성민 변호사 때문에 홍경래는 자신의 옆자리를 내줄 수밖에 없었나. 그렇게 나정치 변호사까지 모두가 삼겹살을 두고 빙 둘러앉게 되었다. 그리고 얼마나 시간이 흘렀을까? 백성민 변호사, 홍경래, 나정치 변호사, 그리고 우군칙, 이희저, 김창시, 홍총각, 이제초, 김사용은 함박웃음을 지으며 이야기꽃을 피우느라 밤이 새는 줄도 몰랐다. 나정치 변호사와 홍경래가 싸웠다고? 글쎄, 그 순간만큼은 믿기 어려울 정도로 두 사람은 행복해 보였다.

진주성과 국립진주박물관

경상남도 진주시 남성동에 가면 본성동에 걸쳐 있는 돌로 만든 '진주성'을 볼 수 있습니다. 차갑게 보이는 이 진주성에는 여러 뜨거운 역사적 사건이 함께하지요.

먼저 진주성은 임진왜란과 연관이 있습니다. 임진왜란 3대첩 중의 하나인 진주대첩을 이룬 곳이며, 1593년 6월 7만여 명의 민관군이 최후까지 싸우다 스러져 간 곳이기 때문이지요. 이때 적장을 껴안고 남강에 투신한 사람이 바로 논개입니다.

진주성은 농민 민란과도 연관이 있습니다. 홍경래의 난 이후 전국적으로 크고 작은 농민들의 민란이 일어났는데, 그중 가장 눈에 띄는 것이 '진주 민란'입니다. 진주 민란은 1862년인 철종 13년에 진주에서 일어났으며, '임술 농민 항쟁'이라고도 불리지요. 경상도 우수사 백낙신의 수탈에 분노한 농민들이 머리에 흰 수건을 두르고 손에는 몽둥이나 농기구를 들고 진주성으로 몰려갔습니다.

이렇게 진주성은 뜨거운 역사와 함께한 곳입니다. 진주성을 탐방할 때는 진주성 내에 있는 국립진주박물관도 함께 들러 보면 좋을 것입니다. 1988년 1월 임진왜란 전문 역사 박물관으로 새단장하였기 때문이지요.

특히 국립진주박물관의 상설 전시 중 '역사 문화실'에서는 진주 농민 운동과 관련된 여러 가지 역사적 유물을 살펴볼 수 있습니다.

찾아가기 **진주성** 경상남도 진주시 본성동
진주 시외버스터미널에서 진주성 방향으로 직진하여 도보로 10분
국립진주박물관 경상남도 진주시 남강로 626-35
http://jinju.museum.go.kr

진주성

국립진주박물관

『역사공화국 한국사법정 43 왜 홍경래는 난을 일으켰을까?』와 관련한 논술 문제를 풀어 봅시다.

※ 다음 그림을 보고 물음에 답하시오.

(가)

(나)

1. (가)는 김홍도의 〈타작도〉이고, (나)는 김득신의 〈반상도〉입니다. 이 두 그림에서 알 수 있는 조선 시대 계급 사회에 대해 구체적으로 적으시오.

※ 다음 제시문을 읽고 물음에 답하시오.

(가) 임술년(1862년) 2월 19일, 진주민 수만 명이 머리에 흰 수건을 두르고 손에는 몽둥이를 들고 무리를 지어 진주 읍내에 모여 서리들의 가옥 수십 호를 불사르고 부수어 그 움직임이 결코 가볍지 않았다.

　병사가 해산시키고자 장시에 나가니, 흰 수건을 두른 백성들이 그를 빙 둘러싸고는 백성들의 재물을 횡령한 조목, 아전들이 세금을 포탈하고 강제로 징수한 일들을 면전에서 여러 번 문책하는데, 그 능멸하고 핍박함이 조금도 거리낌이 없었다.

-『임술록』중에서

(나) 『정감록』은 우리나라 대표적인 예언서로 일컬어지고 있다. 왕조에 반대하며 현실을 부정하는 내용이 많아 읽지 말아야 할 책으로 지목되어 민간에서 은밀하게 전해졌다고 한다.

그리하여 1734년인 영조 10년에 조정의 관리들 사이에는 "서북 사람들이 정감 참위의 책을 서로 돌린다."고 하여 금지해야 한다는 논란이 일었다. 여기서 '정감 참위의 책'은 『정감록』을 가리키는 것으로 보아야 한다.

2. (가)와 (나)를 읽고, 19세기 조선 시대의 상황이 어떠했는지 미루어 짐작하여 적으시오.

왜 홍경래는 난을 일으켰을까?

해답 1 (가)는 가을날 추수를 한 뒤 바쁘게 일하고 있는 사람들의 모습입니다. 낱알을 떨어서 거두는 타작이 한창이기 때문이지요. 그런데 바쁘게 일하는 사람 가운데 유독 한가한 사람이 있습니다. 그림의 오른쪽 위에 비스듬히 누워 있는 사람이 바로 그 사람입니다. 도포를 걸치고 챙이 넓은 갓을 쓰고 곰방대까지 입에 물고 있습니다. 심지어 편안하게 신발은 벗어 두었고, 술병으로 보이는 병까지 구색을 갖추어 놓고 말입니다. 아마 양반이거나 양반의 심부름꾼으로 온 마름일 것입니다. 이때 마름은 지주로부터 소작지의 관리를 위임받은 사람을 가리키는데, 양반을 대신하는 인물이라고 할 수 있습니다.

반면, 여섯 명의 장정들은 열심히 일을 하고 있습니다. 볏짚을 지게로 나르기도 하고, 낱알을 털기도 하고, 낱알이 혹여 없어질세라 부지런히 쓸기도 하면서 말이지요. 열심히 일해서 더운지 옷의 앞섶은 풀어져 있고, 바지의 아랫단은 둥둥 걷어 올렸습니다. 버선에 도포까지 갖추어 입은 사람과는 대조를 이룹니다.

(나)의 그림에서 당나귀를 타고 있는 사람은 양반이고, 코가 바닥에 닿을 듯 절을 하고 있는 사람은 상민일 것입니다. 양반은 챙이 넓은 갓을 쓰고 종들과 함께 길을 가고 있으며, 상민은 대를 쪼개어 엮어 만든 패랭이를 쓰고 있습니다. 허리를 꼿꼿이 편 거만한 자세의 양반과 달리 상민은 고개조차 제대로 들지 못하고 있지요.

이렇게 자세와 옷차림에서 양반과 상민은 크게 차이가 났습니다. 조선 시대에는 반상의 구분, 즉 양반과 상민의 구분이 엄격했기 때문입니다. 그래서 상민은 양반의 옷차림을 해서는 안 되었으며 양반에게 부당한 대우를 받아도 싫은 내색을 할 수가 없었지요.

해답 2 (가)는 수만 명에 달하는 백성들이 민란을 일으킨 내용입니다. 그리고 (나)의 내용은 백성들이 은밀하게 왕조에 반대하며 현실을 부정하는 예언서를 읽고 있다는 내용이지요.

이렇게 백성들은 스스로 들고일어나거나 숨어서 당시 지배 계층을 부정하였습니다. 왜 그럴 수밖에 없었을까요? 그건 (가)의 '재물을 횡령한 조목, 아전들이 세금을 포탈하고 강제로 징수한 일'이라는 대목에서 찾을 수 있습니다. 백성들은 벼슬아치들이 재물을 횡령하고 아전들이 세금을 강제로 징수하였기 때문에 살 수가 없었습니다. 굶주린 백성들을 돌보는 벼슬아치가 아니라 죽음으로 내모는 벼슬아치가 판을 치는 세상이었기 때문입니다.

물론 그렇다고 불만을 가진 백성들 모두 몽둥이를 손에 들고 일어설 수는 없었습니다. 그래서 그렇지 못한 백성들은 당시 왕을 비판하고 왕조를 부정하기에 이르렀던 것입니다. 예언서를 보며 '그래, 지금의 왕조도 곧 무너지겠지? 그러면 좋은 세상이 올까나?' 하고 말입니다.

* 해답은 예시로 제시된 내용입니다.

왜 홍경래는 난을 일으켰을까?

역사공화국 한국사법정 43

왜 홍경래는 난을 일으켰을까?

© 전병철, 2012

초판 1쇄 발행일 2012년 3월 20일
초판 6쇄 발행일 2022년 12월 1일

지은이   전병철
그린이   조환철
펴낸이   정은영

펴낸곳   (주)자음과모음
출판등록   2001년 11월 28일 제2001-000259호
주소   10881 경기도 파주시 회동길 325-20
전화   편집부 (02) 324-2347 경영지원부 (02) 325-6047
팩스   편집부 (02) 324-2348 경영지원부 (02) 2648-1311
이메일   jamoteen@jamobook.com

ISBN 978-89-544-2343-4 (44910)

과학공화국 법정시리즈 (전 50권)

생활 속에서 배우는 기상천외한 수학·과학 교과서!
수학과 과학을 법정에 세워 '원리'를 밝혀낸다!

이 책은 과학공화국에서 일어나는 사건들과 사건을 다루는 법정 공판을 통해 청소년들에게 과학의 재미에 흠뻑 빠져들게 할 수 있는 기회를 제공한다. 우리 생활 속에서 일어날 만한 우스꽝스럽고도 호기심을 자극하는 사건들을 통하여 청소년들이 자연스럽게 과학의 원리를 깨달으면서 동시에 학습에 대한 흥미를 가질 수 있도록 구성하였다.